Angelika Hoefler

I GING RATGEBER

Der geheimnisvolle Schlüssel zum Selbst,
zum Partner und zum Leben
Leit-Linien
für alle Handlungen und Wandlungen
des Lebens

W0060183

WINDPFERD
Verlagsgesellschaft mbH.

Die Autorin

Angelika Hoefler ist Begründerin der Karma-Kabbalistik sowie der Namenspsychologie. Beide Systeme basieren auf dem kabbalistischen Zahlenschlüssel zum hebräischen Alphabet, dessen 22 Buchstaben Träger spezifischer Energien sind. Die Karma-Kabbalistik erschließt über den Namen, welche Gaben und welche Aufgaben jemand in dieses Leben mitbringt – und auch, was eine Namensänderung bewirkt. Die Namenspsychologie zeigt, welche Kräfte den individuellen Charakter bilden und wie das karmische Potential damit umsetzbar ist. –
Mit diesem Buch belegt die Autorin, daß I Ging und Zahlenkabbalistik eine Prognose-Einheit bilden können – was eine völlig neue Anwendung des I Ging ermöglicht.

Angelika Hoefler, deren Bücher in zur Zeit zwölf Ländern gelesen werden, sieht ihre zentralen Aufgaben in Forschung, Lehre und Beratung. Sie hält Vorträge und Seminare im In- und Ausland, leitet ihr Institut für Namenspsychologie und ist spezialisiert auf die Arbeitsgebiete Persönlichkeitsanalyse, Berufsperspektiven, Kompatibilitätsprüfungen, Personalstudien und Unternehmensberatung.

Weitere Bücher der Autorin bei *Windpferd*:
· Hoefler/Atti, Reinkarnationsforschung mit dem Pendel
· Hoefler, Karma – Die Chance des Lebens
· Hoefler, Namen – das ausgesprochene Geheimnis
· Hoefler, Die Psychologie des Namens

3. Auflage 1996
© 1987 by Windpferd Verlagsgesellschaft mbH, Aitrang
Alle Rechte vorbehalten
Umschlaggestaltung: Wolfgang Jünemann
Bildliche Darstellung der Hexagramme: Terry Miller, Abdruck mit freundlicher
Genehmigung der *Associated Book Publishers (UK) LTD., Hants*
Gesamtherstellung: Schneelöwe, Aitrang

ISBN 3-89385-013-9

Printed in Germany

Dieses kleine dicke Buch hat Liebe erfahren,
noch ehe es zu Ende geschrieben war

Die 64 ‚Gesichter des Wandels', dargestellt in den 64 Hexagrammen, die ich mit Worten versucht habe zu zeichnen, werden auf
diesen Seiten begleitet von gezeichneten Meditationen, die der
1950 im Alter von 31 Jahren verstorbene englische Maler Terry
Miller schuf. Sie wurden später in dem Werk *Images of Change*
veröffentlicht. Daß diese wundervollen Bild-Interpretationen
der Wandlungen des Lebens hier erscheinen und jetzt Medita-
tionshilfe sein dürfen und können, ist nicht selbstverständlich:
Während meiner Arbeit an diesem Buch haben Monika und
Wolfgang Jünemann die sehr meditativen Zeichnungen entdeckt
und sich sofort begeistert um die Rechte gekümmert; eine sehr
liebe Freundin von ihnen und inzwischen auch von mir,
Christine Heron-Stockton, hat dann quer durch London nach
dem Menschen gesucht, der den Nachlaß des Künstlers verwal-
tet, und last, but not least — Miss Alison Huges schickte ein Tele-
gramm und sagte spontan: „Okay".

   Das I Ging-Buch konnte in der nun vorliegenden Fassung also
nur entstehen, weil ein paar Menschen, die sich zum Teil gar
nicht kennen, etwas füreinander getan haben, weil sie ohne ein
Warum einfach Freude zu verschenken hatten . . . für jeden, der
dieses Buch in die Hand nimmt.

   Dafür Dankeschön in Liebe.

Angelika Hoefler
Köln

Inhaltsverzeichnis

Teil I
*I Ging – Der Schlüssel zum Selbst, zum Partner
und zum Leben*   7
   Einleitung   8
   Wie das I Ging zu seinem Namen kam   8
   Das Buch der Wandlungen — ein Buch für ihr Leben   8
   64 Hexagramme — Die „DNS des Geistes"   9
   Antwort von innen heraus?   11
   Die Besonderheit dieses I Ging Buches   12
   Fähigkeiten, die durch dieses Buch erworben werden   13
   Lebensaspekt: Das Jetzt als veränderliche Situation 14
   Richtig fragen   14
   Befragung des I Ging für die Jetzt-Situation   15
   Die „Münzen-Methode"   16
   Lebensaspekt: Die statische oder nur bedingt
   veränderliche Situation   17
   Die Verbindung zwischen I Ging und Kabbala   17

Teil II
*Selbsterkenntnis und Selbstberatung –
I Ging & Kabbala als Prognose-Einheit*   19
   Einführung in die Prognose   20
   Das Geheimnis der 22   22
   Der Kabbalistische Code   23
   Die Trigramme   27
   System eines Trigramms   31
   Trigramm-Aussagen   32
   Bedeutung der 64 Hexagramme   39
   Die Prognose-Hexagramme   40

Teil III

Die Hexagramme 1 - 64   57
   Der Mensch ist von Natur aus gut   59
   Hexagramm-Interpretationen   60
   Ermittlung der Hexagramm-Zahl   188

Teil I

I GING
**Der Schlüssel zum Selbst,
zum Partner
und zum Leben**

Einleitung

Wie das I Ging zu seinem Namen kam

„Ging" ist ein chinesisches Zeichen, das frei übersetzt „Kanonisches Buch" heißt. Kanonisch steht synonym für: vorbildlich, maßgebend, dem Kanon gemäß, und Kanon ist die alte Bezeichnung für die Sammlung der biblischen Bücher, die den Glauben lehrten.

„I" bedeutet „Chamäleon", die Echse also, die unter Einwirkung bestimmter Faktoren wie Hunger, Angst, Wärme oder Änderung der Lichtverhältnisse die Farbe wechselt. Und sich damit eigentlich sehr menschlich verhält, denn auch in der Aura des Menschen, jener odischen Hülle, die schützend den Astralkörper umgibt, treten Farbveränderungen auf, sobald der Charakter oder der Gesundheitszustand des Menschen sich verändern oder bestimmte Emotionen konfrontiert werden.

Das *„I Ching" (I Ging)*, „Buch der Wandlungen" zählt zu den 5 Kanonischen Schriften, die in der chinesischen Kultur Grundlage philosophischer und naturwissenschaftlicher Lehren waren. Diese altchinesische Weisheit wurde vor wahrscheinlich 3000 Jahren von König Wen, dem Gründer der Tschou-Dynastie (1122-249 v. Chr.) formuliert und in den 64 Zeichen, die wir heute Hexagramme nennen, aufbewahrt.

Das ‚Buch der Wandlungen' — ein Buch für Ihr Leben

I Ging ist ein Weg-Weiser, der Ihnen in jeder Situation Leit-Linien bieten kann: Information, Belehrung, Warnung, Ermunterung, Rat; und in allem nichts weniger als die Wahrheit.

Wenn Sie in Dialog mit dem I Ging treten, wird der Weg für Sie erkennbar und gleichsam begehbar — wie auch immer er sich mit der Zeit wandeln mag.

Mit dem I Ging zusammenzuarbeiten, bedeutet, sich auf eine sehr tiefe Erfahrung einzulassen: Ein Fremder reicht Ihnen die Hand — und in diesem Augenblick wissen Sie, daß es ein Freund ist, aber auch — daß Sie vor einem Spiegel stehen.

64 Hexagramme — Die „DNS des Geistes"?

Es gibt einen unantastbaren Beweis für die universale und auf jeden Lebensbereich anwendbare Kompetenz des I Ging: unser Leben selbst; die Zahl 64.

64 Hexagramme, d. h. Auskünfte, zählt das I Ging. 64 archetypische Situationen zählt menschliche Erfahrung. 64 Tripletts steuern den genetischen Code.

Die 64 Hexagramme sind ein getreues Abbild der 64 Tripletts, die in der DNS, dem Träger der genetischen Information, die Aminosäuren steuern und damit die Einhaltung der energetischen Gesetze allen gegenwärtigen Lebens gewährleisten.

Und wie hier jedes *Tri*plett, jede Drei-heit, vereint an der Kosmischen Ordnung der ‚Materie Mensch' arbeitet (vgl. schematische Darstellung), so stehen die 8 x 8 (dreilinigen) *Tri*gramme, von denen jeweils zwei ein (sechsliniges) Hexagramm ergeben, jedem Menschen zur Verfügung, um auch in seinem Geist Kosmische Ordnung aufrechtzuerhalten oder wiederherzustellen.

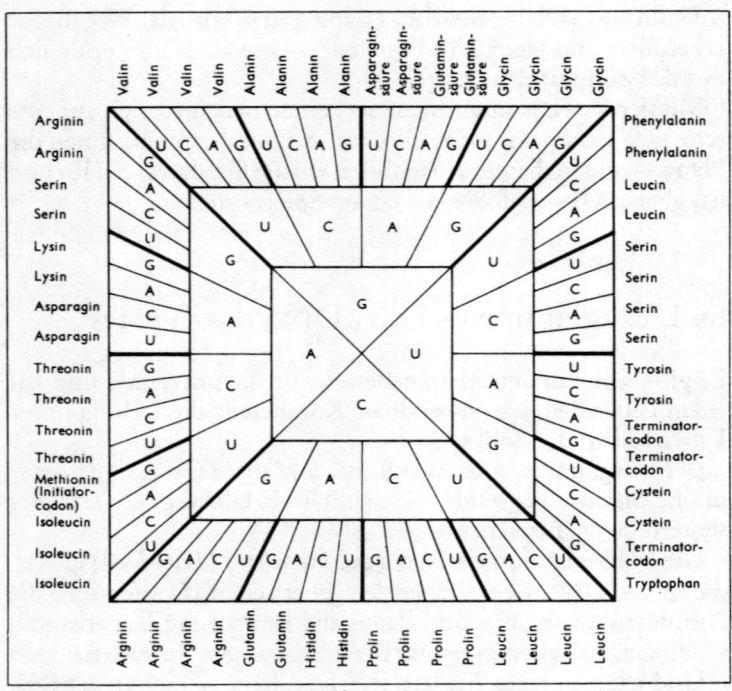

Genetischer Code. U, C, A, G, die vier Basen der Nukleotidbausteine (in der Messenger-RNS): Uracil, Cystosin, Adenin, Guanin. – Das Schema wird von innen nach außen gelesen. Ein Buchstabe des Innenbezirkes gibt das gewünschte erste Nukleotid an, ein Buchstabe des mittleren Bezirks das zweite, einer des Außenbezirks das dritte Nukleotid des Triplettcodons, das für die jeweilige Aminosäure (am Rande der Tabelle) eines Proteins „codiert". Zum Beispiel steuert das Triplett UGG den Einbau Tryptophan bei der Proteinsynthese.

Quelle: Meyers Großes Taschen-Lexikon, Bd. 8; Mannheim 1981 (mit freundlicher Abdruckgenehmigung des Verlages)

Antwort von innen heraus?

Die Überlegung ist höchst kühn, aber verlockend wissenschaftlich und dennoch naheliegend, was ansonsten einander ja auszuschließen pflegt:

Vielleicht sind es just die Tripletts, die uns praktisch „von innen nach außen", genau wie der genetische Code gelesen wird! (s. Abb.), in Verbindung bringen mit ganz bestimmten, nämlich uns bestimmten, Trigrammen, mit denen wir das Hexagramm bilden und dadurch — und vielleicht deshalb — die richtige Antwort auf unsere Frage bekommen.

Damit wäre auch das Koinzidenzrätsel gelöst und der Zufall in einer neuen Variante widerlegt, denn eine Koinzidenz ist das 'wenn notwendige auch zuverlässige Zusammentreffen / Zusammenfallen zweier Ereignisse'. Hier werden z. B. Frage und Antwort im I Ging gewissermaßen zu Partnern, die aufrichtig zueinander sind und sich aufeinander verlassen können.

Das I Ging gibt grundsätzlich die richtige Antwort, wenn man es ernsthaft und vernünftig befragt. Bei allen, die ihm vertrauen, streift es die Maske des Mystischen ab und wird zum Freund. Und wohl kaum wird man einen Menschen finden, der die Freundschaft mit dem I Ging wieder gelöst hat, sei es denn, daß er die Wahrheit nicht hat ertragen können.

Ich wünsche Ihnen für Ihre Freundschaft mit dem I Ging Mut und Humor; man braucht manchmal wirklich beides.

Die Besonderheit
dieses I Ging Buches

Zugunsten eines vor allem den I Ging-Neulingen willkomme-
nen Systems der ‚essentiellen Auskunft' habe ich die klassischen
Transformationen, die Wandel-Linien also, die in jedem anderen
mir bekannten I Ging-Buch zu finden sind, nicht berücksichtigt
— den Wandel selber allerdings schon.
Wenn Sie also die überaus komplexe Thematik des I Ging studieren oder zusätzlich die Wandel-Linien zu Rate ziehen möchten, so empfehle ich Ihnen die Lektüre des wohl großartigsten
I Ging-Werkes, das je in Europa erschienen ist: „I Ging, Das Buch
der Wandlungen", aus dem Chinesischen herausgeschnitzt und
übersetzt von dem grandiosen Sinologen und wohl profundesten
europäischen Kenner der chinesischen Weisheit — Richard Wil-
helm. Vorhang auf. Und Vorhang wieder zu.

Denn dies ist natürlich kein Grund, daß Sie nur noch sein Buch
lesen.

Ich selbst zeige Ihnen auf der Basis des I Ging die Resultate meiner langjährigen intensiven Forschungsarbeit mit dem I Ging
und der Zahlenkabbalistik, über die später noch zu reden sein
wird:
Ich übergebe Ihnen mit diesem Buch bis jetzt unbekannte ‚grenz-
wissenschaftliche' Systeme, die Sie in bestimmten Lebenssitua-
tionen zu einer soliden Basis, also einem Erkennen des Wesentlichen, und somit zum richtigen Handeln führen können.

Fähigkeiten, die durch dieses Buch erworben werden

Man unterscheidet als Lebensaspekte zwei Kernsituationen: was *jetzt* ist = die *veränderliche Situation* (im übrigen auch Wirkung von Vergangenem und Ursache für Künftiges), — und was *generell* ist = die *statische Situation*. Beiden Situationen ist ein eigener Buchteil gewidmet:

Teil II dient der Selbsterkenntnis und Selbstberatung. Er befähigt Sie, die generelle, also die statische oder nur bedingt veränderliche Situation und damit Konstellation von Menschen, Ereignissen und Tagesdaten zu erarbeiten, so daß Sie in der Lage sind, Fehler zu vermeiden und möglichen unangenehmen Lebenserfahrungen vorzubeugen.

Teil III – Ihr Berater. Sie werden mit dem Jetzt, der veränderlichen Situation also, vertraut gemacht. In den 64 Hexagrammen finden Sie Leit-Linien für alle Handlungen und Wandlungen des Lebens, so daß Sie sich selbst und andere Menschen, eine Situation, ein Arbeitsverhältnis oder eine Partnerschaft sicher beurteilen und überlegt handeln können.

Lebensaspekt:
Das Jetzt als veränderliche Situation

Richtig fragen

Es gibt sogenannte „offene" und „geschlossene" Fragen. Ein Beispiel für die geschlossene Frage: Ein Passant spricht einen anderen auf der Straße an: „Können Sie mir sagen, wie spät es ist?" Der andere blickt auf seine Uhr, nickt und sagt schlicht: „Ja" — und geht seines Weges. —

Auf das I Ging bezogen heißt dies: Sie bekommen auf offene Fragen offene Antworten.

Ja und Nein wird das I Ging jedoch niemals sagen — schon deshalb nicht, weil trotz aller Ratschläge und Leit-Linien Sie es sind, der entscheiden muß, welcher Weg der richtige ist; Rat zwingt nicht, Leit-Linien sind Empfehlungen.

Effizient wird das I Ging dann für Sie sein, wenn Sie geschlossene Fragen vermeiden und so konkret und bündig wie möglich formulieren, was Sie wissen möchten — nötigenfalls, wenn verschiedene Gesichtspunkte zu berücksichtigen sind, in Teilfragen. Hier ein Beispiel:

Konkrete Frage: „Was erwartet mich, wenn ich morgen nach XY fahre?" Und wenn Sie einen Vergleich ziehen möchten, als *Anschlußfrage:* „Was erwartet mich, wenn ich morgen das und das tue?"

Regel: Das I Ging meint grundsätzlich, was es sagt. Stellen Sie Ihre Frage / Teilfrage deshalb nur einmal. Durch Wiederholung der Frage wird die Antwort kaum verständlicher.

Übrigens: Je nach Frage werden Sie mitunter feststellen können, daß das I Ging auch Humor hat — genau soviel wie Sie . . .

Befragung des I Ging für die Jetzt-Situation

Das I Ging kann von Ihnen in zwei möglichen Situationen befragt werden:

a) Wenn Sie wissen möchten, was JETZT ist, welche (veränderliche) Situation zum Zeitpunkt Ihrer Fragestellung vorherrscht.

Hierzu benutzen wir das I Ging als Berater und bedienen uns der „Münzen-Methode", wie sie im Anschluß beschrieben ist.

b) Wenn Sie wissen möchten, was GENERELL ist, welche (statische) Situation Sie zu konfrontieren haben.

Hierzu wenden wir das System der Selbstberatung an, das in **Teil II** ausführlich beschrieben ist.

Die Hexagramm-Interpretationen sind so aufgebaut, daß sie für beide Situationen gelesen werden können, und zwar nach folgendem Schema:

1. *Der Mensch*
   a) zum Zeitpunkt der Befragung
   b) generell

2. *Die Situation*
   Perspektiven einer Sachlage
   a) zum Zeitpunkt der Befragung
   b) generell

3. *Partnerschaft*
   Situationsanalyse und Verhaltensrichtlinie
   a) für den Zeitpunkt der Befragung
   b) generell

4. *Der Rat*
   Taktik
   a) in Bezug auf die eingeholte Auskunft
   b) generell

Die „Münzen-Methode"

Die Methode ist einfach, aber „sie hat es in sich": Nehmen Sie 3 gleiche Münzen, und verschließen Sie sie in Ihren Händen.
   Konzentrieren Sie sich auf Ihre Frage. Bleiben Sie gedanklich bei dieser Frage, während Sie die Münzen in Ihren Händen schütteln. Werfen Sie dann die Münzen.
   Jeder Wurf ist Grundlage für eine dann zu bildende Hexagramm-Linie.

Es zählen: Schriftseite = 2 eine geteilte Linie   __ __
           Zahlseite = 3 eine ungeteilte Linie   _____

Mögliche Ergebnisse also:
2 + 2 + 2 = 6 = gerade   __ __   (geteilte Linie)
3 + 3 + 3 = 9 = ungerade   _____   (ungeteilte Linie)
2 + 2 + 3 = 7 = ungerade   _____   (ungeteilte Linie)
3 + 3 + 2 = 8 = gerade   __ __   (geteilte Linie)

Um ein Hexagramm bilden zu können, brauchen Sie 6 Linien (*hexa* ist eine griechische Vorsilbe und heißt *sechs*).

Regel: Das Hexagramm wird von unten nach oben aufgebaut; die Antwort wächst gewissermaßen, wie auch unser Verständnis für Zusammenhänge wachsen muß.

Den Hexagramm-Schlüssel, mit dem Sie das zutreffende Hexagramm ermitteln, finden Sie mit einem Griff am Schluß des Buches.

Lebensaspekt:
Die statische oder nur
bedingt veränderliche Situation

Die Verbindung zwischen I Ging und Kabbala

Da das I Ging seiner Natur nach ein Buch der Wandlungen ist, leuchtet es ein, daß zwar alle sich wandelnden, veränderlichen Situationen durch Konsultieren des I Ging (beispielsweise durch die Münzenmethode, vgl. S. 16) erhellt werden können, zum Erkennen von statischen oder nur bedingt veränderlichen Situationen jedoch ein Kontrapunkt erforderlich ist, ein Erkenntnismodell, das sowohl das hier wirkende Kriterium der Statik als auch das ebenfalls hier wirkende Kriterium der latenten Veränderung berücksichtigt. Es muß also ein dem I Ging irgendwie verwandtes Element sein.

Ich fand es in der Zahlenkabbalistik, mit der ich seit etwa 1977 vielschichtige Forschungsarbeit betreibe und die Karma-Kabbalistik begründet habe, was jedoch Thema eines anderen Buches von mir ist.*

Die Zahlenkabbalistik ermöglicht es, die Bedeutung von Namen, Bezeichnungen, Daten, Ereignissen usw. zu definieren, denn: der Name eines Menschen ist gleichsam eine Chiffre seiner Aufgaben, seines Karmas; ein Schlüssel zu seinem Lebensweg, seinen Prüfungen, aber auch Möglichkeiten und Zielen. Basis für die Arbeit mit der Zahlenkabbalistik ist ein ‚Kabbalistischer Code', der es ermöglicht, Buchstaben eines Namens oder einer Bezeichnung in Zahlen und diese Zahlen wiederum in Informationen zu verwandeln.

---

* „Namen, das ausgesprochene Geheimnis", Aitrang, 4. Auflage 1992

17

Teil II

Selbsterkenntnis und Selbstberatung

I Ging & Kabbala
als Prognose-Einheit

Einführung in die Prognose

Die in diesem Buch erstmals veröffentlichte, zweite Methode, das I Ging zu befragen, dient in erster Linie dem Selbst-Erkennen, und erst in zweiter Linie dem Einholen eines Rates.

Wenn Sie diesen *II. Teil* anwenden, erhalten Sie Auskunft über die *statische oder nur bedingt veränderliche Situation,* über Grundsätzliches — das nur der sich selbst ändernde Mensch bis zu einem gewissen Grad zu ändern in der Lage ist (sofern nicht karmische, schicksalsgebundene, Gründe dagegensprechen).

Auf der Basis der Hexagramme in Teil III können Sie sich separat oder auch aufbauend auf der in Teil II erhaltenen Prognose Rat einholen zu verschiedenen Kriterien:

1. Der Mensch

A *Persönlichkeitshexagramm*
Sie erfahren die wesentlichen Charaktermerkmale über Ihre eigene oder eine andere Person

Mögliche Fragen: Was muß ich wissen, um einen bestimmten Menschen besser verstehen zu können? Wo liegen die Stärken und Schwächen des anderen?

B *Berufshexagramm*
Anhand einer konkreten Berufsbezeichnung (Politiker / in, Kaufmann, Kauffrau) läßt sich feststellen, inwieweit jemand für diesen Beruf geeignet ist.

Mögliche Fragen: Wie sind die Erfolgsaussichten / Aufstiegsmöglichkeiten in Beruf X für mich / XY? Welche Schwierigkeiten sind ggf. zu erwarten?

2. Die Situation:

A *Ereignishexagramm*

Sie erhalten für jede Person, deren Geburtsdatum Sie kennen, eine Tagesprognose für jedes beliebige Datum.

Mögliche Fragen: Wie wird ein bestimmter Tag für mich / XY verlaufen? Wie verläuft ein Vorstellungsgespräch, ein Geschäftstermin, eine Gerichtsverhandlung? Welche Konsequenzen hat es, wenn ich an einem bestimmten Tag verreise / eine neue Wohnung miete, ein Auto / ein Haus kaufe?

B *Einflußhexagramm*

Genauso, wie sich die Eignung eines Menschen für einen bestimmten Beruf feststellen läßt oder die Harmonie mit einem bestimmten Partner, können wir auch bei anderen Angelegenheiten herausfinden, welchen Einfluß etwas auf uns oder einen anderen Menschen ausübt.

Mögliche Fragen: Mit welchen Einflüssen habe ich unter der neuen Wohn- / Geschäftsadresse XY zu rechnen? Wir wirkt ein bestimmter Firmen- / Produkt-Name etc. auf die Öffentlichkeit? Welcher Filmtitel / Buchtitel wird erfolgreich(er) sein? Welchen Einflüssen setze ich mich an einem bestimmten Ort aus?

3. Partnerschaft: Kompatibilitätshexagramm

Dieses Hexagramm offenbart, wie zwei Menschen einander beurteilen und damit, ob sie für eine Partnerschaft (privater oder beruflicher Natur) miteinander geeignet sind.

Mögliche Fragen: Wie beurteilt mich mein Freund / Chef / Angestellter / Kollege / Nachbar / Vermieter / Verwandter? Wie beurteilt mein Unterbewußtsein den betreffenden Menschen? Wie harmonieren wir miteinander? Welche Konse-

quenzen hat es, wenn ich mit XY einen Vertrag (Arbeitsver-
trag, Beratervertrag, Mietvertrag etc.) schließe?

Das Geheimnis der 22

Es dient dem Erfassen der von mir (mit Sicherheit in Kooperation mit meinen Geistfreunden) entwickelten, vielleicht ja auch
„wiederentdeckten" Methode des Kognitisierens, wenn man folgendes weiß:

Die Zahlenkabbalistik ist gewissermaßen eine neuere Linie
vom Stammbaum der jüdischen „Kabbalah", und so baut auch
sie auf deren 22 antiken, heiligen Zahlen auf, die mit der Buchsta-
benfolge des hebräischen Alphabets identisch und in nun zweif-
fach interessanter Weise zurückzuverfolgen sind bis zum ebenfalls 22 Buchstaben zählenden solaren Alphabet, dessen Wurzeln
weit mehr als 5000 Jahre zurückreichen bis zum morpholo-
gischen Vattanalphabet:

Im Gegensatz zum lunaren, mondhaft orientierten Geist nun
gilt die solare, sonnenhafte Geisthaltung seit altersher als Selbsterkenntnis.

Dies läßt ahnen, daß in den 22 Buchstaben des solaren Alphabets, das im Hebräischen fortlebt, unermeßliches Wissen ver-
schlüsselt wurde.

Weiter konfrontiert uns die „Ahnenforschung" der Zahlenkabbalistik im Vattanalphabet mit einer Spezies, die von unten
nach oben geschrieben wurde — genau so, wie die Hexagramme
des I Ging aufgebaut sind.

Der Reigen dieser Erkenntnisse legt den Rückschluß nahe,
macht ihn eigentlich sogar zwingend, daß eine Symbiose aus
I Ging und Kabbala der Doppelschlüssel zur Tür des Wissens
sein muß.

Ich habe ihn ausprobiert; er paßt.

Ich lege ihn nun in Ihre Hand.

Der Kabbalistische Code*

Wie bei der Münzwerf-Methode Schrift und Zahl der Münze die
Grundlage für die einzelnen Hexagramm-Linien bilden (vgl. S.
16), so werden für die Ausarbeitung einer Prognose die kabbalistischen Entsprechungszahlen eines Namens oder einer Bezeichnung (s. Alphabet-Schlüssel) und ggf. die Zahlen eines Datums (s.
Daten-Schlüssel) gewertet.

---

* Da einige LeserInnen möglicherweise mit der von Herbert Reichstein in den 20er
Jahren vorgestellten Lehre der Kabbala vertraut sind, eine Anmerkung: Hier dient
der Kabbalistische Code lediglich dem Entschlüsseln des Zahlenmusters, aus dem
die Hexagramme gebildet werden. Ein weiteres Kabbalisieren ist also weder notwendig, noch wäre es richtig.

Alphabet-Schlüssel
- international -

A, Ä	1	A, Ä	1
B	2	B	2
G	3	C	11
D	4	D	4
E	5	E	5
U, Ü, V, W	6	F	17
Z	7	G	3
H, CH	8	H, CH	8
T	9	I, J	10
I, J, Y	10	K	11
C, K	11	L	12
L	12	M	13
M	13	N	14
N	14	O, Ö	16
X	15	P, PH	17
O, Ö	16	Q	19
F, P, PH	17	R	20
SCH, SH, TS, TZ	18	S	21
Q	19	SCH	18
R	20	T	9
S	21	TH	22
TH	22	TS, TZ	18
		U, Ü, V, W	6
		X	15
		Y	10
		Z	7

Bei der Ausrechnung bitte darauf achten, daß für die Buchstaben-paare *CH*, *PH*, *SCH*, *SH*, *TH*, *TS* und *TZ* ein gesonderter Zahlen-schlüssel gilt.

Es zählen, wenn die Buchstaben nebeneinanderstehen:

CH	wie im Namen *Ch*elius	=	8
Sch	wie im Namen *Sch*midt	=	18
tz	wie im Namen Schmi*tz*	=	18
	folglich *Sch*mi*tz*	=	36

Daten-Schlüssel

Datum	1.	2.	3.	4.	5.	6.	7.	8.	9.
	10.	11.	12.	13.	14.	15.	16.	17.	18.
	19.	20.	21.	22.	23.	24.	25.	26.	27.
	28.	29.	30.	31.					
ist =	1	2	3	4	5	6	7	8	9

Hexagramm-Linien aus Daten bilden

Zur Ermittlung der Hexagramm-Linien werden grundsätzlich nur *ein-stellige* Zahlen verwendet. Mehrstellige Tagesdaten und Monatszahlen sowie Jahreszahlen werden, erforderlichenfalls durch zweimalige Quersummenrechnung, auf *eine* Zahl reduziert. (1993 = 1 + 9 + 9 + 3 = 22; 2 + 2 = 4).

Rechenschritte

1. Bei Namen und Begriffen sind *zuerst* die im Alphabet-Schlüssel angegebenen Entsprechungszahlen der *Vokale* zu addieren und ggf. durch Quersummenrechnung auf eine einstellige Zahl zu reduzieren.
   Bei Personen-Namen rechnet man Vor- und Familienname, ggf. das Adelsprädikat (von, de), nicht jedoch einen akademischen Grad (Dr., Prof.).
   Generell gilt:
   Ergibt sich aus dieser Rechnung nun eine ein-stellige *gerade Zahl*, (92 = 9 + 2 = 11; 1 + 1 = 2), so wird eine *geteilte, das weibliche Prinzip zum Ausdruck bringende YIN-Linie* gebildet = —— ——

   Ist das Ergebnis eine *ungerade Zahl*, (48 = 4 + 8 = 12; 1 + 2 = 3) so wird eine *ungeteilte, das männliche Prinzip zum Ausdruck bringende YANG-Linie* aufgestellt = ————

2. *Als zweites* werden auf beschriebene Weise die *Konsonanten* gerechnet.

3. *Dritte Linie* ist das ein-stellige Ergebnis der *Quersumme* der *Gesamtaddition* des Namens oder der Bezeichnung.
   Beispiel:
   Vokalsumme   45
   Konsonantensumme <u>42</u>

   Gesamtaddition: <u>87</u>
   Quersumme von 87 = 8 + 7 = 15 (zweistellig)
   Quersumme von 15 = 1 + 5 = 6 (einstellig)
   = geteilte YIN-Linie = — —

4. Bei Daten-Prognosen wird *zuerst* das ein-stellige *Tagesdatum* ermittelt, woraus dann bei *geraden Zahlen* wiederum eine *geteilte Linie* und bei *ungeraden Zahlen* eine *ungeteilte Linie* gebildet wird. (Ein Tagesdatum am 24. wird gerechnet 2 + 4 = 6 = geteilte — — Linie).

5. *Als zweites* wird aus der *Monatszahl* eine Linie gebildet. (Die Monate Oktober, November, Dezember sind auf die jeweils ein-stellige Monatszahl zu reduzieren: 10 = 1, 11 = 2, 12 = 3).

6. *Die dritte Daten-Linie = die 6. und damit oberste Hexagramm-Linie* wird aus der ein-stelligen *Quersumme der Jahreszahl* ermittelt.
   (Das Jahr 1900 wird also gerechnet 1 + 9 = 10, 1 + 0 = 1 = ungeteilte Linie; das Jahr 1999: 1 + 9 + 9 + 9 = 28 = 2 + 8 = 10 = 1 + 0 = 1 = ebenfalls ungeteilte Linie).

Regel
Die *Linien* für ein Trigramm oder Hexagramm werden grundsätzlich *von unten nach oben* aufgebaut.
Bei Hexagrammen, die aus Namen + Datum gebildet werden (Persönlichkeitshexagramm, Ereignishexagramm, evtl. Einflußhexagramm), steht das Namens-Trigramm unten, das Zahlen-Trigramm oben.
(Hexagramme, die aus zwei Namen oder Begriffen gebildet werden, vgl. Kompatibilitätshexagramm S. 54; Hexagramme, die aus zwei Daten gebildet werden, vgl. Ereignishexagramme S. 48)

Beispiel
Aus den in den Rechenschritten 1.—6. genannten Zahlen würde
sich folgendes Hexagramm aufbauen.

unten: *Namens-Trigramm*

Vokale: $\quad\quad\quad$ 45 = 4 + 5 = $\quad$ 9 = ungeteilte (1.) Linie
Konsonanten: $\quad$ 42 = 4 + 2 = $\quad$ 6 = geteilte $\quad$ (2.) Linie
Gesamtaddition: $\overline{87}$ = 8 + 7 = 15 =
$\quad\quad\quad\quad\quad\quad\quad\quad\quad$ 1 + 5 = $\quad$ 6 = geteilte $\quad$ (3.) Linie

oben: *Zahlen-Trigramm*
24.12.1900

Tagesdatum 24.: $\quad$ 24 = 2 + 4 = $\quad$ 6 = geteilte $\quad$ (4.) Linie
Monatszahl 12.: $\quad$ 12 = 1 + 2 = $\quad$ 3 = ungeteilte (5.) Linie
Jahreszahl 1900: $\quad$ 19 = 1 + 9 = 10 =
$\quad\quad\quad\quad\quad\quad\quad\quad$ 10 = 1 + 0 + $\quad$ 1 = ungeteilte (6.) Linie

ergibt:
HEXAGRAMM 42 / DIE VERMEHRUNG ———— 6.
$\quad\quad\quad\quad\quad\quad\quad\quad\quad\quad\quad\quad\quad\quad\quad\quad$ ———— 5.
$\quad\quad\quad\quad\quad\quad\quad\quad\quad\quad\quad\quad\quad\quad\quad\quad$ — — 4.
$\quad\quad\quad\quad\quad\quad\quad\quad\quad\quad\quad\quad\quad\quad\quad\quad$ — — 3.
$\quad\quad\quad\quad\quad\quad\quad\quad\quad\quad\quad\quad\quad\quad\quad\quad$ — — 2.
$\quad\quad\quad\quad\quad\quad\quad\quad\quad\quad\quad\quad\quad\quad\quad\quad$ ———— 1.

Die Trigramme

Das Trigramm ist sozusagen „die eine Hälfte der Erkenntnis",
denn ein Hexagramm besteht ja aus zwei übereinander angeord-
neten Trigrammen.

Jedes der 8 Trigramme steht in Beziehung zu spezifischen
Attributen: zu einem der acht archetypischen Familienmitglie-
der, einem Aspekt der Natur, einer Farbe, einem Körperteil,
einem Tier, einer Energieform, einer Jahreszeit, einer Himmels-
richtung und einer — hier ungefähr angegebenen — Tageszeit.
Darüber hinaus repräsentiert jedes Trigramm bestimmte Eigenschaften, von denen die markantesten hier im Anschluß aufgeführt sind.

Kennt man nun diese überlieferten Analogien / Eigenschaften, so ist jedes Trigramm eine wertvolle Teil-Information, mit der sich auch dann trefflich arbeiten läßt, wenn ein evtl. zur Hexagrammbildung erforderliches Datum nicht bekannt ist oder man einfach einmal die Bedeutung eines Wortes oder die Qualität eines Begriffes, eines Dinges, einer Sache herausfinden möchte.

Außerdem gibt das Trigramm auch wertvolle ergänzende Hinweise zu einem erhaltenen Hexagramm, ja sogar zu dem Warum eines Charakters, einer Situation oder einer Partnerschaft.

Trigramm-Analogien*

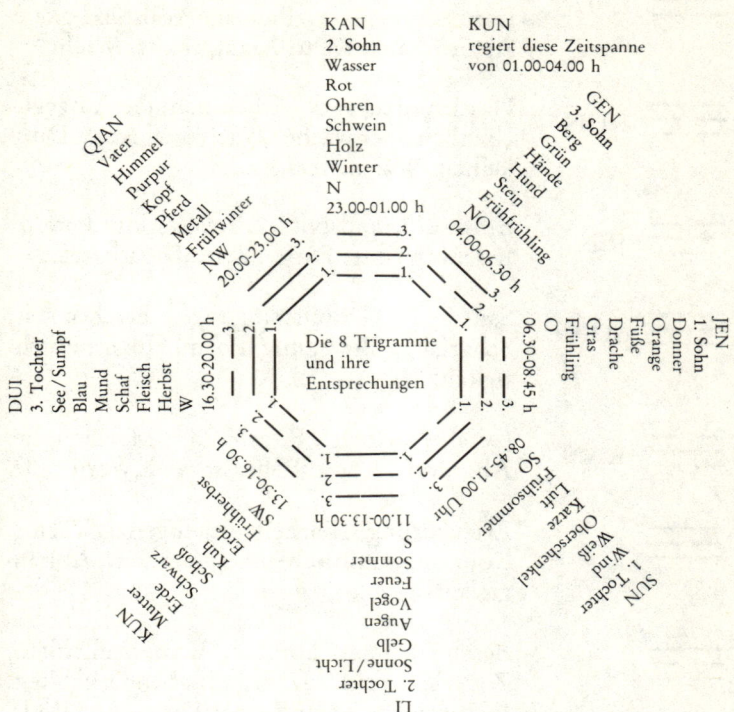

Die 8 Trigramme und ihre Entsprechungen

KAN
2. Sohn
Wasser
Rot
Ohren
Schwein
Holz
Winter
N
23.00-01.00 h

KUN
regiert diese Zeitspanne
von 01.00-04.00 h

QIAN
Vater
Himmel
Purpur
Kopf
Pferd
Metall
Frühwinter
NW
20.00-23.00 h

GEN
3. Sohn
Berg
Grün
Hände
Hund
Stein
Frühfrühling
NO
04.00-06.30 h

DUI
3. Tochter
See / Sumpf
Blau
Mund
Schaf
Fleisch
Herbst
W
16.30-20.00 h

JEN
1. Sohn
Donner
Orange
Füße
Drache
Gras
Frühling
O
06.30-08.45 h

KUN
Mutter
Erde
Schwarz
Schoß
Kuh
Erde
Frühherbst
SW
13.30-16.30 h

SUN
1. Tochter
Wind
Weiß
Oberschenkel
Katze
Luft
Frühsommer
SO
08.45-11.00 Uhr

LI
2. Tochter
Sonne / Licht
Gelb
Augen
Vogel
Feuer
Sommer
S
11.00-13.30 h

Kreisförmige Darstellung König Wen

29

Eigenschaften der Trigramme*

☰ QIAN Das Gebende. Schöpferisches. Kraft. Inspiration. Energie. Helligkeit, Vollständigkeit. Aggressivität. Kälte. Klang. Wort. Macht.

☷ KUN Das Empfangende. Güte. Schutz. Ausgeglichenheit. Schwäche. Nachgiebigkeit. Dunkelheit. Wärme. Dauer.

☳ JEN Einfluß. Impulsivität. Provokation. Potenz. Erschütterung. Experiment. Kreativität.

☴ SUN Sanftheit. Durchdringung. Leichtigkeit. Scharfsinn. Bewegung. Förmlichkeit. Flüchtigkeit.

☵ KAN Gefahr. Arbeit. Flexibilität. Melancholie. Abgründe. Angst. Beherrschung. Vorurteile.

☲ LI Erleuchtung. Klarheit. Intelligenz. Wärme. Kommunikation. Gemeinsamkeit. Abhängigkeit.

☶ GEN Bescheidenheit. Sorgfalt. Unbeweglichkeit. Zuverlässigkeit. Treue. Unabänderlichkeit. Im metaphysischen Sinne: Anfang und Ende.

☱ DUI Zufriedenheit. Vergnügen. Magie. Zerstörung. Offenheit. Übermaß. Naivität, Lebhaftigkeit.

---

* In diesem Buch sind nicht sämtliche jemals bekanntgewordenen Eigenschaften aufgeführt, sondern nur die signifikanten; dies erleichtert die Übersicht, die Merkfähigkeit und ganz sicher die Kognition und Interpretation.

System eines Trigramms

Entsprechend dem Kabbalistischen Code und dem Zahlen-
schlüssel wollen wir als erstes die Trigramme der beiden Haupt-
Aspekte dieses Buches, „I Ging" und „Kabbala", aufstellen,
deren Bedeutung untersuchen wie auch deren wohl schon sehr
alte Beziehung zueinander entdecken.

Beispiel: Das Trigramm von „I Ging" / I Ching

1. Aus der Entsprechungszahl der im Namen „I Ging" enthalte-
   nen *Vokale* wird die unterste, also erste Linie ermittelt.
   Vokale im Namen „I Ging":
   I (10) + i (10) = 20 = 2 = — —

2. Aus der Entsprechungszahl der im Namen „I Ging" enthalte-
   nen *Konsonanten* wird die zweite Linie ermittelt.
   Konsonanten im Namen „I Ging":
   G (3) + n (14) + g (3) = 20 = 2 = — —

3. Aus der Entsprechungszahl der *Gesamtbuchstaben* des
   Namens „I Ging" wird die dritte Linie gebildet.
   Gesamtbuchstaben des Namens I Ging / I Ching:
   I (10) + G (3) + i (10) + n (14) + g (3) = 40 = 4 = — —

Das Trigramm sieht wie folgt aus: — — 3. Linie
                                    — — 2. Linie = KUN
                                    — — 1. Linie

Es handelt sich hierbei um das *Trigramm* mit dem chinesischen
Namen *KUN*, dem die Attribute Mutter, Erde, das Empfangende
etc. zugeordnet werden.

Beispiel: Das Trigramm von „Kabbala"

1. Aus der Entsprechungszahl der im Namen „Kabbala" enthaltenen *Vokale* wird die erste Linie ermittelt.
   Vokale:
   a (1) + a (1) + a (1) = 3 = _____

2. Aus der Entsprechungszahl der im Namen „Kabbala" enthaltenen *Konsonanten* wird die zweite Linie ermittelt.
   Konsonanten:
   K (11) + b (2) + b (2) + l (12) = 27 = 9 = _____

3. Aus der Entsprechungszahl der *Gesamtbuchstaben* des Begriffs „Kabbala" wird die dritte Linie ermittelt.
   Gesamtbuchstaben:
   K (11) + a (1) + b (2) + b (2) + a (1) + l (12) + a (1) =
   30 = 3 = _____

Das Trigramm sieht wie folgt aus: _____ 3. Linie
                                    _____ 2. Linie = QIAN
                                    _____ 1. Linie

Es handelt sich hierbei um das *Trigramm* mit dem chinesischen Namen *Qian*, dem die Attribute Vater, Himmel, das Schöpferische zugeordnet werden. I Ging & Kabbala, „Vater und Mutter". Eine Einheit, die wir alles fragen können, und die uns immer einen weisen Rat gibt.

Trigramm-Aussagen

A Nationale Bedeutung

Jeder Name und jedes Wort ist eine Information. Wenn wir z. B. die Herkunft von Namen untersuchen, so treffen wir auf historische Landstriche, Städte, Flüsse oder geografische Besonderheiten; wir treffen auf Eigenschaften, Besitztümer, Berufe und vieles andere mehr.

Die Etymologie, Wissenschaft vom Ursprung und von der

Entwicklung der Sprache, lehrt uns vieles über die weitverzweig-ten Wurzeln der Worte, über ihren Sinn von einst und über ihren Weg bis in die heutige Zeit. Und wir können feststellen: jedes Wort ist Repräsentant seiner Zeit — denn auch der Wortschatz wandelt sich —, jedes Wort charakterisiert das Empfinden der in dieser Zeit (oder auch nur in einer speziellen Situation) lebenden Menschen, ebenso wie ein Dialekt Zeugnis ablegt von einer ganz spezifischen Beziehung zum Wort: es steckt sozusagen ein ande-res Verständnis, ein anderer Geist dahinter, wenn verschiedene Menschen ein- und dieselbe Sache verschieden benennen, wie ja auch ein ‚eigenes Verständnis‘ zugrundeliegt beim Slang, also bei der typischen Umgangssprache, bei Berufs- und Fachsprachen (man denke nur an die Fachlexika für Ärzte oder Computerspe-zialisten).

Wir sehen also: Sprache kann zugleich offenbaren und ver-bergen.

Der deutsche Philosoph, Theologe und Dichter Johann Gott-fried von Herder brachte es auf den Nenner: „Sprache ist Reflexion".

Deshalb nun ein paar (zunächst nationale) Wort-Trigramme, zum Reflektieren.

In den nun folgenden, nach dem Kabbalistischen Code errechne-
ten, Beispiel-Trigrammen stehen die Buchstaben V, K und T für
Vokale, **K**onsonanten und **T**otal

GOTT	1. V	16 = 7	3. _____ QIAN
	2. C	7 = 7	2. _____ Das Gebende, Vater,
	3. T	23 = 5	1. _____ Himmel, Vollständigkeit

NATUR	1. V	7 = 7	3. _____ QIAN
	2. K	43 = 7	2. _____ Schöpferisches, Kraft,
	3. T	50 = 5	1. _____ Energie

LICHT	3. V	10 = 1	3. __ __ LI
	2. K	29 = 11 = 2	2. __ __ Sonne, Licht, Augen,
	3. T	39 = 12 = 3	1. __ __ Klarheit, Intelligenz etc.

MUSIK	1. V	16 = 7	3. _____ QIAN
	2. K	45 = 9	2. _____ Schöpferisches,
	3. T	61 = 7	1. _____ Inspiration, Klang etc.

KARMA	1. V	2 = 2	3. _____ GEN
	2. K	44 = 8	2. __ __ Unabhänderlichkeit. Im
	3. T	46 = 10 = 1	1. __ __ metaphysischen Sinne: Anfang und Ende

REINKARNATION	1. V	43 = 7	3. _____ QIAN
	2. K	102 = 3	2. _____ Kraft, Helligkeit,
	3. T	145 = 10 = 1	1. _____ Aggressivität, Macht, Wort

B Internationale Bedeutung

Im Prinzip brauchte man nur die Bibel aufzuschlagen und sich fortan dem interessanten Studium der Namen zu widmen, um gewisse elementare Aufschlüsse zu erhalten, denn die biblischen Namen sind — dies wenigstens ist kein Geheimnis — Codices. Und da sie auf der ganzen Welt gleich lauten, könnten sie theoretisch auch jedem Menschen dieselbe Information geben, dieselben Erkenntnisse vermitteln. Das Prinzip ist so alt, daß wir es in unserem Alltagsleben schon gar nicht mehr wahrnehmen — und doch begegnet es uns überall:

Warum werden Begriffe und Bezeichnungen, die für die Weltöffentlichkeit Bedeutung haben, internationalisiert? Damit wir alle sie gleich aussprechen? Eine Möglichkeit wäre es. Warum aber werden dann Personen-Namen nie übersetzt?

Worte, Begriffe, Bezeichnungen und Namen sind Informationen mit einer spezifischen Schwingung. Übersetzt man ein Wort, so verändert man dessen Informations-Schwingung und damit seine Resonanz auf andere, die hiermit auslösbare Emotion.

Würde man nun einen Personen-Namen („Eigen"-Namen) übersetzen, so hieße dies, den Menschen verändern zu wollen – gleichwohl Menschen selbst ihren Namen ändern und sich dadurch in eine neue Schwingungsqualität, in ein neues Resonanzfeld und damit zu neuen Erfahrungen begeben.

Internationale Schreibweise eines Namens oder einer Sache gewährleistet also durchaus internationale „Reflexion": Historie und Zeit-Geschichte sind reich an Beispielen hierfür. Einige „internationale Trigramme" mögen dies verdeutlichen und zu eigenen Studien anregen:

Trigramm	Name / Bezeichnung	Eigenschaften
QIAN	Dalai Lama	Das Gebende, Schöpferisches, Kraft, Helligkeit
	Mandala (Meditationshilfe wie z. B. das Yin-Yang des I Ging)	Inspiration, Kraft, Helligkeit
	UNESCO	Das Gebende, Schöpferisches, Inspiration, Helligkeit, Vollständigkeit
KUN	Verein	Ausgeglichenheit, Schutz, Wärme
JEN	Aristoteles	Einfluß, Kreativität, Inspiration, Macht
	OM (hl. Mantra)	Einfluß
SUN	Sokrates	Durchdringung, Scharfsinn
KAN	NATO	Arbeit, Flexibilität, Beherrschung
LI	Ra (ägypt. Sonnengott)	Erleuchtung, Wärme
	Unicef	Gemeinsamkeit, Kommunikation, Wärme
	Greenpeace	Gemeinsamkeit, Kommunikation, Intelligenz
GEN	Amnesty International	Sorgfalt, Zuverlässigkeit, Treue
	Atom	im metaphysischen Sinne: Anfang und Ende
DUI	Titanic	Übermaß, Zerstörung

C Nationale und internationale Bedeutung im Vergleich

Die Gleichsprachigkeit bei verschiedenen Ländern hat tiefe historische Wurzeln, aus denen zwar nicht unbedingt auch Gleichartigkeit erwachsen ist, die aber als Ursprung gelten kann für zumindest Interpretationsgleichheit.

In Trigrammen gesprochen: ‚Gott' ist für den Deutschen, den Österreicher und den Schweizer „Qian", das Trigramm für Vater, Himmel, Schöpfung; ebenso ist die ‚Natur' für alle drei „Qian"; man spricht dieselbe Sprache.

Was nun der Deutsche, der Engländer, der Franzose oder Italiener beispielsweise über eine bestimmte Sache denkt, ist Ergebnis der Addition von Erbanlage, Erziehung, Milieu und auch Ergebnis der Sitten und Gebräuche des Landes.

In Trigrammen gesprochen: Das ‚Buch' hat im Deutschen das Trigramm „Sun" und verrät, daß Lesen mit Scharfsinnigkeit gleichgesetzt wird, was die Neigung zur vielzitierten deutschen Gründlichkeit offenbart / bestätigt. Das englische ‚Book' macht sich durch das „Li" interpretierbar: der Engländer assoziiert Erleuchtung damit, im Vergleich zum Deutschen präferiert er demnach das Wissen an sich. Das französische ‚Livre' zeigt mit Trigramm „Kun" Ausgeglichenheit an, und das italienische ‚Libro" präsentiert uns das „Kan", eine Melancholie; die internationale Literatur wird Bände sprechen über die Einzelheiten.

Das nun hier sichtbar werdende Mentalitätsgefälle können wir jedoch zu einer Brücke der Verständigung machen: wenn die Trigramm-Aussage mit Engagement genutzt wird, kann man besser verstehen, was in den Herzen und Köpfen anderssprachiger Menschen vor sich geht, und vielleicht ist es ja dann gar nicht mehr so schwer, die richtigen „Worte füreinander" zu finden.

Ein paar Beispiele, Gegenüberstellungen deutscher und englischer Worte, sollen dies verdeutlichen:

GEIST = GEN
Sorgfalt, Zuverlässigkeit, im metaphysischen Sinne: Anfang und Ende

SPIRIT = KUN
Das Empfangende, Güte, Dauer

SPIRITUALITÄT = SUN
Durchdringung, Scharfsinn, Förmlichkeit

SPIRITUALITY = LI
Erleuchtung, Klarheit, Gemeinsamkeit, Kommunikation, Wärme

KARMA = GEN
(Assoziative Bedeutung wie im Englischsprachigen, da es sich hierbei um ein nicht übersetzbares Sanskrit-Wort handelt; Karma ist die Bezeichnung für das kosmische Gesetz von Ursache und Wirkung).

KARMA = GEN
Unabänderlichkeit, im metaphysischen Sinne: Anfang und Ende

TOD = GEN
(Assoziative Bedeutung wie im Englischsprachigen. – Diese Assoziation ist durchaus nicht in allen Ländern gleich. Interessant dürfte in diesem Zusammenhang sein, daß uns das „mors" aus dem Lateinischen zum Trigramm QIAN führt und damit zu der alten Interpretation des Todes: „Das Gebende, Kraft, Energie, Helligkeit" versus: „Aggressivität, Kälte".

DEATH = GEN
Unabänderlichkeit, im metaphysischen Sinne: Anfang und Ende

REINKARNATION = QIAN
(Assoziative Bedeutung wie im Englischsprachigen. Betrachtet man nun die bei Engländern / Amerikanern und Deutschen sich unterscheidenden Assoziationen in bezug auf „Spirit / Geist" und „Spirituality / Spiritualität", so wird erkennbar, weshalb Spirtuality in England und Amerika derzeit noch stärker ausgeprägt ist als in den deutschsprachigen Ländern.)

REINCARNATION = QIAN
Kraft, Helligkeit, Aggressivität, Macht, Wort

Bedeutung der 64 Hexagramme*

1	Die Schöpferische Kraft	33	Der Rückzug
2	Das Empfangende	34	Die Große Macht
3	Anfangsschwierigkeiten	35	Der Fortschritt
4	Unerfahrenheit	36	Verfinsterung des Lichts
5	Das überlegte Warten	37	Die Familie
6	Der Konflikt	38	Der Gegensatz
7	Die gesammelte Kraft	39	Die Blockade
8	Vereinigung	40	Die Befreiung
9	Das Hindernis	41	Die Verringerung
10	Verhalten	42	Die Vermehrung
11	Das Gedeihen	43	Der Durchbruch
12	Die Stockung	44	Das Zusammentreffen
13	Gemeinschaft	45	Die Sammlung
14	Wohlstand	46	Der Aufstieg
15	Die Mäßigung	47	Die Bedrängnis
16	Begeisterung	48	Der Brunnen
17	Die Nachfolge	49	Die Umwälzung
18	Die Wiederherstellung	50	Die kosmische Ordnung
19	Die Annäherung	51	Der Donner
20	Die Betrachtung	52	Die Stille
21	Das Durchbeißen	53	Die Entwicklung
22	Die Anmut	54	Die Schicklichkeit
23	Der Zerfall	55	Die Fülle
24	Neuanfang	56	Der Reisende
25	Das Unerwartete	57	Die Durchdringung
26	Des Großen Zähmungskraft	58	Die Freude
27	Die Ernährung	59	Die Auflösung
28	Das Übermaß	60	Die Beschränkung
29	Gefahr	61	Die Einsicht
30	Das Feuer	62	Das Geringe Übermaß
31	Die Anziehung	63	Nach der Vollendung
32	Die Dauer	64	Vor der Vollendung

---

* Die 64 Hexagramm-Namen basieren auf zahlreichen, mitunter unwesentlich voneinander abweichenden, Übersetzungen von der chinesischen Bildsprache in die Wortsprache. In diesem Buch finden sich — ungeachtet des europäischen Vokabulars für einige der dargestellten Situationen — die am häufigsten verwendeten Begriffsübersetzungen.

Die Prognose-Hexagramme

Alle Hexagramme werden nach dem Kabbalistischen Code, also Alphabet- und Daten-Schlüssel, vgl. S. 24, ausgearbeitet.

1. Der Mensch

A System des Persönlichkeitshexagramms

Das Persönlichkeitshexagramm wird aus den beiden Komponenten Vor- und Familienname (= unteres Trigramm) und Geburtsdatum (= oberes Trigramm) gebildet.

Es wird jeweils mit dem in der Öffentlichkeit bekannten Namen gearbeitet: bei mehreren Vornamen mit dem Rufnamen, bei Künstlern ggf. mit dem Künstlernamen / Pseudonym. Akademische Titel werden nicht berücksichtigt.*
Zu konsultieren ist die Rubrik „Der Mensch".

Rechen- und Interpretationsbeispiele

Persönlichkeitshexagramm von JOHANN WOLFGANG VON GOETHE *geboren am 28.8.1749*
Der Adelstitel wird — ausnahmsweise — nicht berücksichtigt, aus einem Grund, den Sie am Schluß des Beispiels erfahren und verstehen werden.

---

* Historische Persönlichkeiten werden mit den voll ausgeschriebenen Geschichtsnamen in ihrer Landessprache gerechnet; insofern müssen die oft ihrem Namen beigegebenen römischen Namensfolge-Ziffern ebenfalls ausgeschrieben berücksichtigt werden.
Zum Beispiel:

Johanna von Orleans	=Jeanne d'Arc
Ludwig XVI.	=Louis Seize
Ludwig II	=Ludwig der Zweite, König von Bayern
„Der Alte Fritz"	=Friedrich der Zweite, der Große
Elisabeth	=Elisabeth
Kaiserin von Österreich, Königin von Ungarn	* 24. 12. 1837; s. Persönlichkeitshexagramm 61 / Die Einsicht

(Die korrekten Namen sind im Zweifelsfall guten Geschichtsbüchern zu entnehmen).

Das Persönlichkeitshexagramm von Johann Wolfgang Goethe sieht also wie folgt aus:

JOHANN WOLFGANG GOETHE

```
                        V   60 =  6         6. _____
                        K  126 =  9         5. __  __
                        G  186 = 15 = 6     4. _____      64
Geburts-Tag = 28.          28 = 10 = 1     3. __  __       Vor der
Geburts-Monat = 8.          8 =  8 = 8     2. _____      Voll-
Geburts-Jahr = 1749        21 =  3 = 3     1. __  __       endung
```

Nun lesen Sie Hexagramm 64 und erfahren zu Ihrer Verblüffung, daß Goethe offenbar „Anfängerglück" brauchte, und dies wird mit Ihrer Auffassung über den Herrn Geheimrat nicht ganz übereinstimmen.

Und doch ist es richtig. Da Goethe ohne Titel geboren und erst später in den Adelsstand erhoben wurde, habe ich dieses Beispiel genutzt, Ihnen auch die Entwicklung eines Menschen durch Namenswechsel (gleich welcher Art und aus welchem Grund) aufzuzeigen.

Im Falle „von" Goethe ergibt sich nun das folgende Persönlichkeitshexagramm:

JOHANN WOLFGANG *VON* GOETHE

```
                        V   76 = 13 = 4     6. _____
                        K  146 = 11 = 2     5. __  __
                        T  222 =  6 = 6     4. _____      35
                           28 = 10 = 1     3. __  __       Fort-
                            8 =  8 = 8     2. __  __       schritt
                           21 =  3 = 3     1. __  __
```

Nun lesen Sie in Hexagramm 35, daß Johann Wolfgang von Goethe dazu prädestiniert war, eines Tages Großes zu erreichen.

Persönlichkeitshexagramm prominenter Personen

Unter der jeweils angegebenen Hexagramm-Zahl können Sie nun in der Rubrik „Der Mensch" das psychologische Profil der Sie interessierenden Persönlichkeiten nachlesen.

Tomaso Albinoni	* 8. 6. 1671	24
Louis Armstrong	* 4. 7. 1900	59
Neil Armstrong	* 5. 8. 1930	34
Joan Baez	* 9. 1. 1941	17
Simone de Beauvoir	* 9. 1. 1908	33
Leonard Bernstein	* 25. 8. 1918	56
Joseph Beuys	* 12. 5. 1921	43
Heinrich Böll	* 21. 12. 1917	13
Humphrey Bogart	* 25. 12. 1899	10
Wilhelm Busch	* 15. 4. 1832	27
Marcus Tullius Cicero	* 3. 1. 106 v. Chr.	12
Salvador Dali	* 11. 5. 1904	57
Erich von Däniken	* 14. 4. 1935	50
Erich Däniken ohne Adelstitel	* 14. 4. 1935	56
Bette Davis	* 5. 4. 1908	30
James Dean	* 8. 2. 1931	27
Albert Einstein	* 14. 3. 1879	25
Anne Frank	* 12. 6. 1929	14
Benjamin Franklin	* 17. 1. 1706	42
Sigmund Freud	* 6. 5. 1856	3
Indira Gandhi	* 19. 11. 1917	30
Johann Wolfgang von Goethe	* 28. 8. 1749	35
Edvard Grieg	* 15. 6. 1843	22
Hermann Hesse	* 2. 7. 1877	37
Alfred Hitchcock	* 13. 8. 1899	41
Carl Gustav Jung	* 26. 7. 1875	61
Franz Kafka	* 3. 7. 1883	43
Buster Keaton	* 4. 10. 1896	29
John F. Kennedy	* 29. 5. 1917	59
Martin Luther King	* 15. 1. 1929	61

John Lennon	* 9. 10. 1940	10
Martin Luther	* 10. 11. 1483	35
Rosa Luxemburg	* 5. 3. 1870	1
Mao Tse Tung	* 26. 12. 1893	61
Somerset Maugham	* 25. 1. 1874	17
Alexander Mitscherlich	* 20. 9. 1908	61
Marilyn Monroe	* 1. 6. 1926	21
Wolfgang Amadeus Mozart	* 27. 1. 1756	44
Florence Nightingale	* 12. 5. 1820	49
Anaïs Nin	* 21. 2. 1903	40
Nostradamus (Michel de Notre Dame)	* 14. 10. 1503	44
Jacques Offenbach	* 20. 6. 1819	22
Edgar Allan Poe	* 19. 1. 1809	44
Elvis Presley	* 8. 1. 1935	37
Anthony Quinn	* 21. 4. 1915	56
Ronald Reagan	* 6. 2. 1911	52
Maximilien Robespierre	* 6. 5. 1758	9
Jean Paul Sartre	* 21. 6. 1905	55
Frank Sinatra	* 12. 12. 1915	6
Vincent van Gogh	* 30. 3. 1853	43
Peter Paul Rubens	* 28. 6. 1577	55
Helmut Schmidt	* 23. 12. 1918	10
Edith Stein	* 12. 10. 1891	1
John Steinbeck	* 27. 2. 1902	14
Elisabeth Taylor	* 27. 2. 1932	16
Margaret Thatcher	* 13. 10. 1925	29
Liv Ullmann	* 16.12. 1938	13
Amerigo Vespucci	* 9. 3. 1451	47
Richard Wagner	* 22. 5. 1813	29
George Washington	* 22. 2. 1732	7
Tennessee Williams	* 26. 3. 1911	42
Richard von Weizsäcker	* 15. 4. 1920	22
Karol Wojtyla (Johannes Paul II.)	* 18. 5. 1920	1
William Butler Yeats	* 13. 6. 1865	2

B System des Berufshexagramms

Das Berufshexagramm wird aus den beiden Komponenten Vor- und Familienname (= unteres Trigramm) und Berufsbezeichnung (= oberes Trigramm) gebildet.

Zu konsultieren sind dann die Hexagramm-Rubriken „Der Mensch" und „Die Situation". Mitunter kann es hilfreich sein, auch den abschließenden „Rat" einzuholen.

Besonderheit: Wenn Sie ein Berufshexagramm für jemanden ausarbeiten wollen, der außerhalb Ihres Sprachraumes geboren wurde und / oder lebt, so muß die Berufs-Bezeichnung in der betreffenden Landessprache verwendet werden; vgl. auch die Ausführungen S. 35 ff.

Rechen- und Interpretationsbeispiele

Berufshexagramm von JOHANN WOLFGANG VON GOETHE
Bevor Goethe sich der Literatur verschrieb, absolvierte er ein
Studium der Rechte und arbeitete danach wenige Jahre als Jurist.
   Sein Berufshexagramm als Jurist setzt sich zusammen aus dem
schon bekannten *(unteren)* Namenstrigramm

$$\begin{array}{l} 3. \\ 2. \\ 1. \end{array} \equiv\equiv \quad \text{KUN}$$

und dem *darauf aufgebauten* Berufstrigramm
(der Berufsbezeichnung)

JURIST

$$\begin{array}{r} V\ 16 = 7 \\ \underline{K\ 60 = 6} \\ G\ 76 = 13 = 4 \end{array} \qquad \begin{array}{l} 6. \\ 5. \\ 4. \end{array} \equiv\equiv \quad \text{JEN}$$

was insgesamt folgendermaßen aussieht:

$$\begin{array}{l} 6. \\ 5. \\ 4. \\ 3. \\ 2. \\ 1. \end{array} \begin{array}{l} \equiv\equiv \\ \equiv\equiv \end{array} \quad \begin{array}{l} 16 \\ \text{Begeisterung} \end{array}$$

Die Hexagramm-Rubrik „Der Mensch" gibt Ihnen nun schon
erste Anhaltspunkte dafür, daß Goethe diesen Beruf weniger als
Analytiker denn als ‚Mensch mit Gefühl' ausübt und hier nur bis
zum Verlöschen eines Strohfeuers verweilt. „Die Situation" ist
deutlich: Er wird Neues in Angriff nehmen. Wohl wahr. Goethe
wird Dichter.
   Sein Berufshexagramm als Poet sieht nun folgendermaßen
aus: Namenstrigramm + Berufstrigramm:

KUN $\equiv\equiv$ + $\equiv\equiv$ KAN $\equiv\equiv$ 8
                                              $\equiv\equiv$ Vereinigung

Die beiden auch hier wieder zu konsultierenden Rubriken „Der Mensch" und „Die Situation" machen deutlich, daß Goethe sich auf eine besondere Lebenssituation und eine große Verantwortung eingelassen hat.

Berufshexagramm prominenter Personen mit Interpretationen

Richard von Weizsäcker, *Politiker: Berufshexagramm 55*
Von Weizsäcker ist Eigner des Persönlichkeitshexagramms 22, das ihn als einen excellenten und kritischen Beobachter mit hohem ästhetischem Anspruch ausweist.

Als Politiker bescheinigt ihm das I Ging mit Hexagramm 55 hohes Ansehen auf dem Gipfel seiner Karriere.

Helmut Schmidt, *Politiker; Berufshexagramm 54*
Der frühere Bundeskanzler ist Eigner des Persönlichkeitshexagramms 10, das ihm Harmoniebedürfnis, Einfühlungsvermögen und Weitsicht bescheinigt und ihn als Ratgeber prädestiniert.

Als Politiker verfügt er über Breitenwirkung und ist willens und fähig, Verantwortung zu übernehmen.

Helmut Kohl, *Politiker; Berufshexagramm 34*
Das I Ging zeichnet hier einen Menschen, der im Mittelpunkt stehen, Einfluß nehmen und Macht ausüben wollte und einen Beruf ergriffen hat, der ihn in den Mittelpunkt stellt, ihn Einfluß nehmen und Macht ausüben läßt; Persönlichkeitshexagramm und Berufshexagramm sind bei Helmut Kohl identisch.

Hans Küng, *Theologe; Berufshexagramm 42*
In seinem Persönlichkeitshexagramm 17 offenbart sich, daß er in der Lage ist, hinter die Kulissen zu schauen und dabei an Tabus stoßen wird.

Als Theologe findet er jedoch die Möglichkeit, sich Autorität und Popularität zu verschaffen.

Leonard Bernstein, *Conductor; Berufshexagramm 15*
Das Leben des Amerikaners ist im Persönlichkeitshexagramm
15 als das eines Reisenden, eines Wanderers beschrieben, der sich
immer neue Ziele setzt — und sie auch erreicht.
  Als Dirigent (Conductor) öffneten sich Bernstein nicht
zuletzt deshalb alle Türen, weil ihm Souveränität *und* Bescheidenheit zu eigen waren.

Carl Gustav Jung, *Psychologe; Berufshexagramm 38*
Hexagramm 61 zeichnet eine Persönlichkeit, die in der Lage ist,
Menschen und Umstände komplex und sicher zu beurteilen und
mit Herzenstakt zu handeln. Sein ethischer wie auch spiritueller
Reichtum macht ihn zu einem Menschen, den man nie vergißt.
  Als Psychologe entwickelt Jung einen Röntgenblick für
Zusammenhänge, was ihn aus Sicht des Persönlichkeitskonzep-
tes für diesen Beruf geradezu prädestiniert.

Prof. **Julius Hackethal,** *Chirurg, Berufshexagramm 62*
In Persönlichkeitshexagramm 15 lernen wir Hackethal als einen
Menschen kennen, der souverän seinen Weg geht, sich jedoch
vor Überreaktionen, insbesondere vor Klagen / Prozessen
schützen sollte. Als Chirurg widmet er sich mit Perfektion und
Ausschließlichkeit seinen Patienten – „weniger wäre oft
mehr", sagt das Hexagramm 62.

Und wenn alle ‚Fritz Schmitz' heißen?
Natürlich wird man die Aussagen des Berufshexagramms (wie
später übrigens auch die des Kompatibilitätshexagramms)
immer in Bezug zu setzen haben zum sozio-psychologischen
Milieu des Betreffenden; der Name ist keine Determination für
einen bestimmten Beruf, und es ist auch wenig wahrscheinlich,
daß alle Menschen mit dem Namen „Fritz Schmitz" Interesse an
demselben Beruf zeigen und darüberhinaus auch für ihn qualifi-
ziert sind. Aus diesem Grund habe ich in den Interpretationsbei-
spielen, wie Sie leicht nachvollziehen können, auch das auf
Namen und Geburtsdatum basierende Persönlichkeitsprofil
berücksichtigt; die Analyse wird hierdurch verständlicherweise
exakter und „persönlicher".

2. Die Situation

A System des Ereignishexagramms

Ein Ereignishexagramm wird gebildet aus dem *Namens*trigramm (= unteres Trigramm) und dem *Daten*trigramm (= oberes Trigramm), das durch Addition von Geburtsdatum und Tagesdatum – in der (separat zu rechnenden) Reihenfolge Tag / Monat / Jahr des Stichtages gebildet (und zu jeweils einstelligen Zahlen reduziert) wird.

Zu konsultieren sind dann die Hexagramm-Rubriken „Die Situation" und „Der Rat".

Rechen- und Interpretationsbeispiele

Ereignishexagramm von NEIL ARMSTRONG, * 5. 8. 1930, am 20. 7. 1969, dem Tag, an dem er als erster Mensch den Mond betritt

Daten für das
Datentrigramm

	* 05.	08.	1930
	20.	07.	1969
	= 25	= 15	= 3899
	= 7	= 6	= 29
	= 7	= 6	= 11
	= 7	= 6	= 2

Datentrigramm

Datentrigramm
(oberes Trigramm)   JEN

Namenstrigramm   34
Neil Armstrong   Die große Macht
(unteres Trigramm)   QIAN

Ereignishexagramm 34 ist bei Neil Armstrong identisch mit seinem Persönlichkeitshexagramm. „Die Große Macht", die Hauptattribute seiner Persönlichkeit, manifestieren sich also nicht nur durchgängig durch sein Leben, sondern sind auch signifikante Faktoren an dem Tag, an dem er den Mond betrat. „Die Situation" in Hexagramm 34 sagt aus: „Sie sind Mittelpunkt, und man wird genau hinschauen, was Sie jetzt tun". – Die ganze Welt hat hingesehen.

Ereignishexagramm von KAROL WOJTYLA, * 18. 5. 1920, am 13. 5. 1981, dem Tag, als auf dem Petersplatz in Rom ein Attentat auf ihn verübt wurde

Daten für das
Datentrigramm

* 18.	05.	1920
13.	05.	1981
= 31	= 10	= 3901
= 4	= 1	= 13
= 4	= 1	= 4

Datentrigramm ▬▬ ▬▬ ▬▬ ▬▬

Datentrigramm
(oberes Trigramm) KAN

Namenstrigramm
Karol Wojtyla's
(unteres Trigramm) QIAN

5

Das überlegte
Warten

Ereignishexagramm 5 / Das überlegte Warten: Schon das Tagestrigramm „KAN" zeigt Gefahr an, und die „Situation" wird als eine beschrieben, in der der Papst Ruhe bewahren und auf Hilfe vertrauen soll; tatsächlich wurde Karol Wojtyla bei dem Attentat schwer verletzt und konnte nur durch sofortige Ruhigstellung und den Transport in ein nahegelegenes Krankenhaus von den Ärzten gerettet werden. Daß er das Attentat überleben würde, ergibt sich aus dem „Rat", demzufolge die Wogen sich glätten werden.

B System des Einflußhexagramms

Beim Einflußhexagramm werden die unteren 3 Linien immer durch das Namenstrigramm repräsentiert, das dann zusammen mit dem darauf aufbauenden Trigramm des Einfluß-Repräsentanten (Anschrift, Urlaubsort, Nahrungsmittel, Buchtitel, Firmenname etc.) das Einflußhexagramm ergibt.

Das System ist vergleichbar dem Bilden eines Persönlichkeits-, Berufs- und Kompatibilitätshexagramm und braucht deshalb hier nicht erneut dargestellt zu werden.

Kombinationsmöglichkeiten:
Mitunter empfiehlt es sich, bestimmte Prognosen miteinander zu kombinieren. So zum Beispiel, wenn wir uns auf bevorstehende Situationen besser vorbereiten oder Geschehenes besser verstehen wollen.

In diesem Fall konsultiert man alle verfügbaren Hinweise, wie z. B. die Persönlichkeithexagramme aller Beteiligten, deren Ereignis- und Einflußhexagramme für den betreffenden Tag, die Kompatibilität der Beteiligten untereinander usw.

Ereignishexagramm und Einflußhexagramm historischer Daten

Titanic, Stapellauf = „Geburtstag" am 31. 5. 1911. Bei der Jungfernfahrt am 14. 4. 1912 stieß das britische Passagierschiff mit einem Eisberg zusammen und versank mit mehr als 1500 Menschen an Bord.

Ereignishexagramm 9 / Das Hindernis: „Situation" und „Rat"
lassen erkennen, daß die Titanic an diesem Tag nicht hätte aus-
laufen dürfen.*
Einflußhexagramm 34 / Die Große Macht: „Situation" und
„Rat" weisen auf eine fatale Machtprobe hin.*

Benjamin Franklin, *17. 1. 1706, war einer der 39 Delegierten,
die am 17. 9. 1787 ihren Namen unter die heute älteste National-
verfassung der Welt setzten, die Verfassung der Vereinigten
Staaten.
Ereignishexagramm 25 / Das Unerwartete: „Die Situation" verrät, daß Franklin vor vollendete Tatsachen gestellt wurde. Und
tatsächlich hat der damals 81jährige sich zu dem Dokument
sinngemäß wie folgt geäußert: „. . . ich bekenne, daß es einige
Teile dieser Verfassung gibt, denen ich jetzt nicht zustimme,
aber ich bin mir nicht sicher, daß ich ihnen nie zustimmen
werde'.*
Einflußhexagramm 42 / Die Vermehrung: Da es sich hier gleichzeitig um das Persönlichkeitshexagramm von Benjamin Franklin handelt, geben nicht nur „Situation" und „Rat" Aufschluß
über die herrschenden Einflüsse, sondern „Mensch" und „Partnerschaft" lassen die persönlichen Gefühle des Staatsmannes an
diesem Tag erkennen.*, **
Interessanterweise galt für die ‚United States of America' an
diesem Tag das *Einflußhexagramm 53 / Die Entwicklung . . .*

---

* Ich muß und möchte meinem Verlag die Freude machen, mich an den geplanten
  Buchumfang zu halten; bitte lesen Sie Einzelheiten in den Hexagramm-
  Rubriken in Teil III nach.

** Lebenshöhepunkte oder vergleichbare gravierende Erfahrungen lassen sich
   häufig beobachten an Tagen, an denen das Ereignis- oder Einflußhexagramm
   identisch ist mit dem Persönlichkeitshexagramm.

Wie starb Norma Jean?*

Marilyn Monroe, am 1.6.1926 geboren als *Norma Jean Baker,* starb am 4.8.1962 – vielleicht an einer Überdosis Tabletten, vielleicht an einer Alkoholvergiftung. Vielleicht an einer geschickten Manipulation; vielleicht an einer Kombination von einigem oder allem. Nur wenige wissen dies genau. Hier Auszüge aus den Prognosen:

Norma Jean Baker hat am 4.8.1962 das Ereignishexagramm 44/ Das Zusammentreffen.
Die Situation: Es ist unvermeidlich, aber heilsam, daß Sie über Ihnen nicht bekannte Motive eines nahestehenden Menschen informiert werden.
Der Rat: Lassen Sie sich nicht in unklare Geschäfte verwickeln.

Norma Jean Baker hat am 4.8.1962 das Einflußhexagramm 18/ Die Wiederherstellung
Die Situation: Sie erwarten Auskunft über eine Angelegenheiten, die im Begriff ist, sich aufzulösen.
Der Rat: Es ist von entscheidender Bedeutung, daß Sie jetzt nicht ungeduldig oder ängstlich werden. Hilfe ist schon unterwegs.

Marilyn Monroe hat am 4.8.1962 das Ereignishexagramm 25/ Das Unerwartete
Die Situation: Man wird Sie vor vollendete Tatsachen stellen, und ausnahmsweise haben Sie mal nicht vorher alles gewußt.
Der Rat: Wenn Sie auf Ereignisse spontan und ohne Hintergedanken reagieren, wird sich alles zu Ihrem Vorteil fügen.

---

* Dieses Kapitel wurde bisher nur in der englische Ausgabe dieses Buches veröffentlicht, fehlt also in der 1. Auflage. Kurz vor Erscheinen der jetzt vorliegenden 2. Auflage veröffentlichten die amerikanischen Journalisten Peter Brown und Patte Barham ihr Buch „Marilyn – Das Ende, wie es wirklich war". Es war ihren Recherchen zufolge Mord. – Lesen Sie die Prognosen nun nochmals, abstrahierend.

Marilyn Monroe hat am 4. 8. 1962 das Einflußhexagramm 27/ Die Ernährung

Die Situation: Ihr Geschmack wird sich zu Ihrer eigenen Überraschung ändern.

Der Rat: Überprüfen Sie kritisch Ihre Ernährungsweise, und suchen Sie gelegentlich einen Arzt oder Zahnarzt auf.

Vielleicht inspiriert Sie dieses Beispiel zur Ausarbeitung eines Kombinationshexagramms.

Last but not least:

Die erhaltene Hexagramm-Auskunft muß und kann nicht immer den eigenen subjektiven Ansichten entsprechen; das neue System, mit dem I Ging zu arbeiten, bietet schließlich auch neue Möglichkeiten, bislang verborgene Aspekte erkennbar werden zu lassen.

3. Partnerschaft

System des Kompatibilitätshexagramms

Das Kompatibilitätshexagramm wird gebildet aus den Namenstrigrammen beider infragekommender Partner. Da hierbei je nach Trigramm-Anordnung – oben oder unten – zwei verschiedene Hexagramme entstehen können, erhält man auch zwei Auskünfte: einmal, wie das eigene Unterbewußte den anderen beurteilt und, wie der Partner uns beurteilt. Eine uralte Weisheit lehrt nun:

Will man in Erfahrung bringen, wie der andere über einen denkt, so stelle man ihn eine Weile über sich. So soll es sein: das untere Trigramm repräsentiert also den Fragenden, das obere Trigramm den Partner.

Zu konsultieren ist im Prinzip nur die Hexagramm-Rubrik „Partnerschaft", im Einzelfall können „Der Mensch und / oder „Der Rat" das Gesamtbild abrunden.

Besonderheit: Hier ist jeweils der bürgerliche Name maßgebend, und zwar mit allen im Taufschein eingetragenen Vornamen — wie bei einer Trauungszeremonie.

Rechen- und Interpretationsbeispiele

Kompatibilitätshexagramm von JOHANN WOLFGANG VON GOETHE & CHARLOTTE VON STEIN
Zur Bildung des richtigen Hexagramms empfiehlt sich der folgende *Frage-Aufbau:*

> „*Was denkt X (= oberes Trigramm) über Y (= unteres Trigramm)?*"

Biografische Betrachtungen

Als Goethe 1775 Frau von Stein kennenlernte, war er noch sieben Jahre von seinem Adelstitel und damit einem anderen Namenstrigramm entfernt, und so ergab sich zwischen beiden zunächst das (auf Gegenseitigkeit beruhende) Kompatibilitätshexagramm 29, das in Anbetracht der Tatsache, daß Frau von Stein eine verheiratete Frau war, durchaus als Reiz des Verbotenen interpretiert werden kann. Wie anders dagegen dachte die geb. Charlotte von Schardt über ihren späteren Ehemann, Friedrich Freiherr von Stein! In Hexagramm 28 zeigt sich, daß sie von ihm durchaus Treue und Zuwendung erwartete, was nach seiner Auffassung jedoch noch zu Schwierigkeiten führen wird, wie Hexagramm 61 ankündigt. Und so kam es. Die Ehe war nicht glücklich; Charlotte (nunmehr) von Stein weist in Hexagramm 48 Unzufriedenheit aus, weil Friedrich von Stein nach Hexagramm 59 mehr gesellschaftlichen und anderen Verpflichtungen nachgeht, als sich ihr zu widmen. Nun belegt zwar Hexagramm 7, daß Johann Wolfgang von Goethe eine Partnerschaft mit Charlotte von Stein als ideal betrachtet und sie ihrerseits auf diese Verbindung auch sehr fixiert ist, jedoch wäre eine Ehe zwischen beiden ebenfalls nicht glücklich geworden. Hexagramm 36 macht deutlich, daß Goethe sich eine Charlotte von Goethe nicht vorstellen konnte, und in Hexagramm 35 sind auch bei ihr keine Ambitionen dieser Art zu entdecken. Es blieb sogar eine abgeklärte Freundschaft zwischen beiden, als Goethe 1788 Christiane Vulpius kennenlernte — die überdies dasselbe Namenstrigramm aufwies wie es Charlotte von Goethe gehabt hätte. So verwundert es auch nicht, daß Goethe, der Christiane Vulpius später geheiratet hat, diese Ehe nicht als optimal betrachtet, wie Hexagramm 11 es umschreibt; und in Hexagramm 12 offenbart Christiane von Goethe, was fehlt in der Partnerschaft : mehr Achtung füreinander.

Teil III

Die Hexagramme 1 - 64
Interpretationen

Der Mensch ist von Natur aus gut

„Der Mensch ist von mir in allen Hexagrammen positiv charakterisiert worden. Möglicherweise werden Sie also ab und an gegenteiliger Auffassung sein. Nun verhält es sich aber so, daß nach dem Gesetz der Resonanz ('Was wir säen, das ernten wir') der Mensch sich exakt mit dem verbindet, was er denkt, folglich auch mit dem, was er kritisiert. Und so blockieren wir gerade die positiven Eigenschaften, die wir beim anderen in Zweifel ziehen, unversehens bei uns selbst.

Ja, man kann sagen, daß negatives Urteilen uns selber negativiert – und damit entsprechende Situationen und Menschen in unser Leben hineinzieht.

Es liegt also an uns, damit zu beginnen, angenehme, positive Erfahrungen mit Menschen zu machen.

Folglich sollte jeder um Objektivität bemüht sein, und das heißt:

Man muß an der Oberfläche kratzen!

Gold wird im Schlamm geschürft!

Diamanten werden lange auf 'Feuer' geschliffen.

Bodenschätze lagern oft unter mehreren Erdschichten.

Ich halte nichts von der Kategorisierung: Bestenfalls ist der Mensch ein Heiliger, schlimmstenfalls ist er ein Kannibale. Ganz abgesehen davon, daß auch Heilige einmal als kleine Sünder angefangen haben. Je mehr Kerzen ich in einen dunklen Raum stelle, desto heller wird dieser Raum.

Je positiver Sie einem Menschen entgegentreten, desto positiver wird er auf Sie reagieren; hierin liegt das Geheimnis der Resonanz.

Mo Ti, der Begründer der mohistischen Philosophen-Schule Chinas (4. Jh. v. Chr.), vertrat die Theorie einer „allumfassenden Menschenliebe", er postulierte: „Der Mensch ist von Natur aus gut". Wenn wir es so betrachten, wird es plötzlich sehr hell in der Welt.

1
Die schöpferische Kraft

DER MENSCH

Sie verfügen über eine enorme Energie, die sich auf ein hohes
Potential an Kreativität gründet. Sie haben Talent und Möglichkeit, Großes und für die Menschen Gutes zu leisten. Ihr Platz ist
ganz oben, und Ihr Weg dorthin wie auch das Erfüllen Ihrer
besonderen Aufgabe bedingen absolute Reinheit im Denken und
Handeln. Was Sie schöpferisch leisten, trägt Ihren Geist und darf
deshalb nur positiven, der Allgemeinheit dienenden, Zielen entsprechen.

DIE SITUATION

Die Zeit Ihrer persönlichen Revolution ist gekommen. Lassen
Sie nun alles Nebensächliche beiseite, und konzentrieren Sie sich
und Ihre Kräfte auf das Wesentliche. Seien Sie sich in jedem
Augenblick bewußt, daß alles, was Sie jetzt und ab jetzt tun, Spuren hinterläßt, nicht nur in Ihrem Leben; es sind Spuren, in die
auch andere treten werden, um Ihnen nachzufolgen. Sie müssen
in jeder Hinsicht ein Vorbild sein.

PARTNERSCHAFT

Wenn Ihre Beziehung ideal sein und bleiben soll, so schränken
Sie ihren Führungsanspruch ein. Geben Sie dem anderen die
Freiheit, sich zu entfalten und Ihnen ein stärkerer Partner zu
werden. Erkennen Sie, daß Sie dadurch nicht schwächer, sondern
ebenfalls stärker werden.

DER RAT

Zögern Sie nicht, Ideen und Pläne jetzt in die Tat umzusetzen,
Sie würden verpassen, was man die Chance des Lebens nennt.
Wenn Sie unsicher sind, was im einzelnen zu tun ist, besprechen
Sie sich mit einem Menschen, den Sie seiner Aufrichtigkeit
wegen achten — oder befragen Sie das I Ging.

2
Das Empfangende

DER MENSCH

Sie wissen, was Sie wollen, und wenig ist das nicht. Um Ihr Ziel zu erreichen, sind Ihnen als Mittel sehr recht: Ihr leidenschaftlicher Wille, Ihre persönliche Ausstrahlung — und die Hilfe von dritter Seite. Wenn Sie Ihre Möglichkeiten überschätzt haben, verwenden Sie viel Energie darauf, einen anderen Schuldigen zu finden, was natürlich Ihren Weg blockiert. Das Prinzip von Nehmen und Geben könnte indessen in Ihrem Leben Wunder wirken.

DIE SITUATION

Die Zeit der halben Sachen ist vorbei. Sie müssen nun, um fehlerfrei handeln zu können, die hohe Kunst entwickeln, hinter die Dinge zu schauen, Zusammenhänge zu erkennen — auch zu erkennen, wann es gilt, nicht zu handeln. Sie sollten Rat einholen und auch annehmen, damit Sie in Empfang nehmen können, was seit jeher für Sie bestimmt ist.

PARTNERSCHAFT

Für die Aufrechterhaltung Ihrer Partnerschaft sind in erster Linie Sie verantwortlich. Was ganz und gar nicht bedeutet, daß sich immer alles nach Ihren Vorstellungen entwickeln muß. Es liegt gerade jetzt bei Ihnen, sich einer Liebe würdig zu erweisen und sie als gleichwertiger Partner zu erwidern; gleichwertig meint: nachdem Sie den Wert des anderen erkannt und verinnerlicht haben.

DER RAT

Öffnen Sie sich anderen gegenüber, damit das Positive vor der Tür Ihres Herzens auch Einlaß finden kann. Überdenken Sie Ihre Position im Leben — auch die im Leben anderer Menschen.

3
Anfangsschwierigkeiten

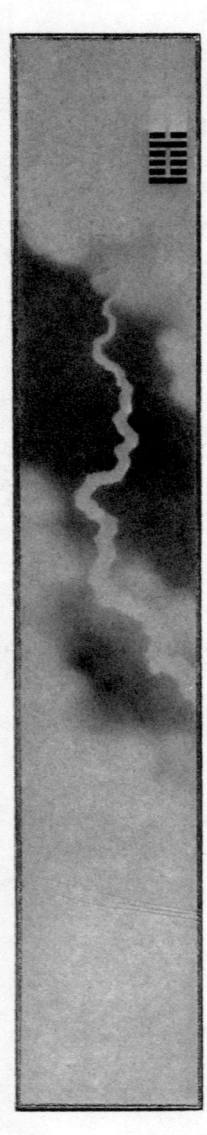

DER MENSCH

Die Requisitenkammer Ihres persönlichen Theaters ist oft ein wenig zu gut sortiert — Sie verlieren dann leicht den Bezug zur Realität. Es gibt keine Rolle, die Sie Ihr ganzes Leben lang ohne Unterbrechung spielen können — aber Sie können ab sofort nur noch Sie selbst sein. Und erst dann kann man Sie so lieben, wie Sie sind; und genau das wollen Sie doch.

DIE SITUATION

Nur Offenheit gegenüber anderen kann Ihnen jetzt weiterhelfen. Denn wer nicht um Ihre Probleme weiß, der kann Ihnen auch keine Lösungen anbieten. Wenn Sie zu der jetzigen Situation und damit zu sich selbst stehen, werden Sie die Schwierigkeiten bald überwunden und sich selbst gefestigt haben.

PARTNERSCHAFT

Aller Anfang ist schwer, aber oft auch sehr lohnenswert. Verlangen Sie von Ihrem Partner nicht mehr, als Sie selbst geben können. Vielleicht können Sie das noch nicht gleich morgen — aber Sie können es lernen . . . zum Glück.

DER RAT

Setzen Sie neue Prioritäten, und das Dickicht der Probleme wird sich sehr schnell lichten. Denn was Sie nun am dringendsten brauchen, ist Durch-Blick.

4
Unerfahrenheit

DER MENSCH

Zwischen Traum und Wirklichkeit kann man einem liebenswerten Menschen begegnen: Ihnen. Das Leben ist für Sie ein großes Spiel, bei dem man jederzeit Fehler machen und auch einmal verlieren darf. Wenn Sie auf jemanden treffen, der da 'nicht mitspielt', sind Sie verwirrt und traurig und flüchten sich in die Rolle des Gekränkten. Bei alledem aber wissen Sie, daß Sie spielen — und daß Sie insgeheim lernen, für den Tag, an dem aus dem Spiel ernst wird.

DIE SITUATION

Niemand nimmt Ihnen Ihre Unerfahrenheit übel, es sei denn, Sie selbst. Wenden Sie sich getrost an einen älteren Menschen, der Erfahrung genug hat, Ihnen in der jetzigen Situation einen gangbaren Weg aufzuzeigen. Denn erst, wenn Sie wissen, daß Sie nichts wissen, können Sie klug handeln.

PARTNERSCHAFT

Ihre Bindungen werden mit fröhlicher Unschuld besiegelt — und fröhlich bleiben sie. Wenn Sie sich einander Zeit lassen würden, hätte eine Partnerschaft durchaus auch einmal Zukunftschancen.

DER RAT

Viele Aspekte Ihres Seins möchten sich sowohl Ihnen als auch den Menschen, mit denen Sie zu tun haben, vorstellen. Seien Sie offen für neue Erfahrungen, die Ihr Leben bereichern werden und Ihnen helfen, mit ungewohnten Situationen fertig zu werden.

5
Das überlegte Warten

DER MENSCH

Der Zug, in dem Sie sitzen, fährt zu schnell, als daß Sie die Landschaft erkennen könnten, durch die Sie fahren; es ist Ihr Lebenszug. Mit anderen Worten: je größer Ihre Eile, bestimmte Lebenserfahrungen zu machen, desto weniger erkennbar ist für Sie der Weg, auf dem Sie sich befinden.

DIE SITUATION

Bewahren Sie die Ruhe, was immer auch zu geschehen droht. Die eigentliche Gefahr besteht für Sie nur darin, daß Sie die Nerven verlieren. Wenn Sie jedoch Zuversicht erkennen lassen, so machen Sie sich unantastbar, gewinnen Sicherheit und bekommen von unerwarteter Seite sehr bald Hilfe.

PARTNERSCHAFT

Sie und Ihr Partner müssen nun stärker denn je zusammenhalten, denn Ihre Verbindung wird von Kräften, auf die Sie derzeit keinen Einfluß haben, attackiert. Bilden Sie aus dem Vorauswissen, daß man sehr unfair gegen Sie vorgehen wird, eine Brandmauer, die Sie Beide beschützt.

DER RAT

Da Sie keine unmittelbare Kontrolle über die auf Sie einwirkenden Kräfte haben, gehen Sie auch nicht auf Konfrontationskurs. Im Gegenteil: Tun Sie nichts, warten Sie ab. Die Wogen werden sich glätten.

6
Der Konflikt

Der Mensch

Sie vermögen es, sich in einem Moment Freunde zu schaffen — und schon im nächsten Moment Feinde. Obwohl Sie im Grunde genügend Selbstvertrauen besitzen, eine andere Meinung als die Ihre gelten zu lassen, reagieren Sie nicht auf jede Provokation mit der Ihnen eigenen Gelassenheit. Das Ergebnis können Meinungs-Verschiedenheiten sein, bei denen Brücken abgebrochen werden.

Die Situation

Im persönlichen Bereich werden Sie mit einer Enttäuschung konfrontiert, und es droht, zu einem Bruch zu kommen. Ihre Rechte oder bestimmte Forderungen können jetzt auf keinen Fall durchgesetzt werden.

Partnerschaft

Einigen Sie sich darauf, daß jeder von Ihnen sich selbst und durchaus nicht dem anderen gehört. Vorschriften zerstören lediglich die für eine glückliche Partnerschaft erforderliche Basis der Freiwilligkeit des Zusammenseins.

Der Rat

Seien Sie maßvoll mit Worten und Taten. Fragen Sie eine neutrale Person um Rat, bevor Sie Dinge sagen oder tun, die endgültig sind.

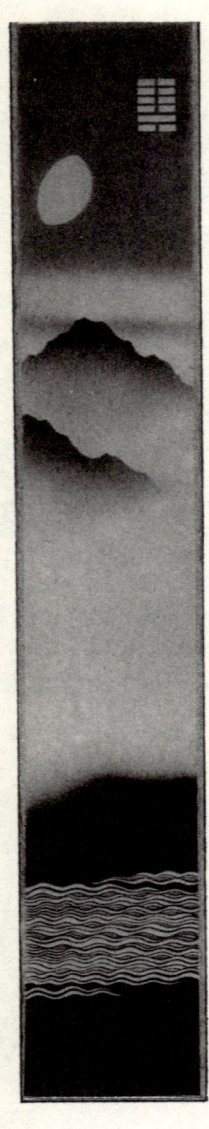

7
Die gesammelte Kraft

DER MENSCH

Sie wissen um Ihre Verantwortung und um Ihre Selbstverantwortung in diesem Leben. Wenn Sie Idealen folgen, so tun Sie dies mit ihrem untrüglichen Gespür für das Wahrhaftige. Aber Sie wissen sich auch Anfechtungen ausgesetzt, die umso größer sind, je höher Ihre ethische Entwicklung ist. Ihr Prüfstein ist es, die Dinge einfach geschehen zu lassen, sich nicht aufzulehnen.

DIE SITUATION

Ihre Ziele interessieren auch andere. Teilen und bringen Sie sie in Übereinstimmung mit den Intentionen der betreffenden Gesellschaft oder Gruppe. Sie werden dann — zu Ihrer Überraschung — einen neuen Weg erkennen, den Sie mit Freuden und gewiß nicht alleine gehen werden.

PARTNERSCHAFT

Sie sind ohne Zweifel ein ideales Paar. Noch idealer für ihre Partnerschaft wäre es jedoch, wenn Sie einander ein wenig mehr Freiraum lassen würden.

DER RAT

Seien Sie großzügig Ihren Mitmenschen gegenüber. Sie werden aus solchem Verhalten alle erforderliche Kraft schöpfen und gegen Angriffe verbaler oder mentaler Art besser gewappnet sein.

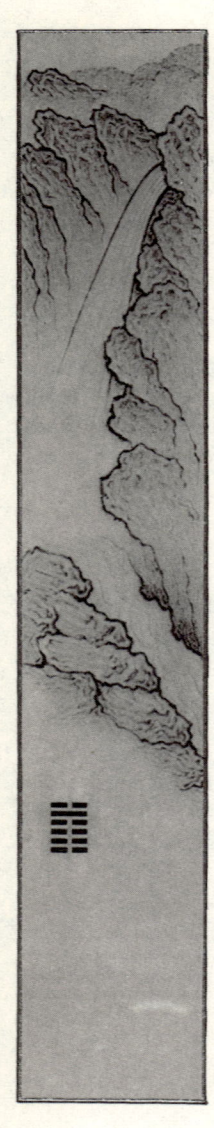

8
Vereinigung

Der Mensch

Die einen halten Sie für extrovertiert, die anderen für introvertiert. Die Wahrheit ist: Sie sind beides, und Sie werden darin keinen Widerspruch sehen, solange es Ebbe und Flut gibt. Für Ihre sozialen Bindungen wäre es natürlich nützlich, wenn Sie andere in Ihre Philosophie einweihen und sich damit „berechenbarer" machen würden.

Die Situation

Sie stehen vor einer weitreichenden Entscheidung, bei der es auch darum geht, große Verantwortung zu übernehmen. Wenn Sie auch nur den geringsten Zweifel haben, den Anforderungen gerecht werden zu können, müssen Sie ablehnen! Befragen Sie zur Sicherheit in dieser Angelegenheit erneut das I Ging.

Partnerschaft

Sie sind gewissermaßen das Band um Ihren Bund und für den Zusammenhalt der Partnerschaft verantwortlich. Seien Sie sich jeden Tag aufs neue der alles bezwingenden Kraft des „Wir" bewußt.

Der Rat

Gerade zu Zeiten, da Sie zu neuen Ufern aufbrechen, brauchen Sie eine starke soziale Bindung zu einer psychischen Rückendeckung. Dann kann und sollte Sie jedoch nichts mehr aufhalten.

9
Das Hindernis

Der Mensch

Ganz oder gar nicht, lautet Ihr Motto. Wenn Sie sich engagieren, neigen Sie zur Übertreibung wie zur Überarbeitung. Ob es erkannt oder anerkannt wird, kümmert Sie nicht. Sie sind von dem Wunsch durchdrungen, zu helfen.

Die Situation

Es geht nicht vorwärts, und es geht auch nicht zurück. Wohin Sie schauen, sind Hindernisse auf Ihrem Weg. Und das ist gut so. Ihnen ist nämlich durchaus Erfolg beschieden, doch zu früh erlangt, würden Sie Ihr Glück nicht zu schätzen — und damit auch nicht zu halten wissen.

Partnerschaft

Sie kämen niemals auf den Gedanken, Ihrem Partner einen Wunsch abzuschlagen. Wenn Sie innerlich jedoch dagegen opponieren, sollten Sie die Motive Ihrer Partnerschaft einer kritischen Prüfung unterziehen, denn ohne Aufrichtigkeit wird sie nicht lange Bestand haben.

Der Rat

Beginnen Sie zum jetzigen Zeitpunkt nichts Neues, wie verlockend eine Angelegenheit auch immer sein mag. Der Zeitpunkt dafür ist noch nicht gekommen. Warten Sie gelassen ab, und schweigen Sie sich über Ihre Gedanken aus. Dieses Verhalten wird Ihnen neben dem zu erwartenden Erfolg auch Ansehen bringen.

10
Verhalten

DER MENSCH

Ihr Harmoniestreben teilt sich auch anderen mit, die Sie positiv beeinflussen und vor falschen Schritten bewahren können. Sie verstehen Ihre Mitmenschen und kennen oft schon im voraus deren Pläne und Absichten. Das macht Sie sicher in Ihrem Auftreten und gefragt als Ratgeber, Freund und Partner.

DIE SITUATION

Ein Gewitter bricht in der Regel nicht mit der Absicht aus, einen Menschen zu töten. Doch liegt es am Verhalten des Menschen, ob eben dies geschehen kann. So liegt die Situation auch hier: wenn Sie Haltung bewahren, ruhig und unauffällig sind, geschieht Ihnen kein Leid. Wenn Sie jedoch an exponierter Stelle auf sich aufmerksam machen, bedeutet dies unter Umständen Ihre Vernichtung.

PARTNERSCHAFT

Sie nehmen einander nicht mehr sonderlich ernst — und vorenthalten damit einander auch das Mindestmaß an Achtung. Da Sie selbst nicht unter dem Zustand leiden, besteht die Gefahr, daß Sie sich bald überlegen fühlen und es unverantwortlicherweise zum Bruch kommen lassen.

DER RAT

Beschränken Sie während einer kurzen Zeitspanne, deren Ablauf Sie intuitiv erfassen werden, Ihre Ansprüche auf das Notwendigste. Um Ihre Umgebung beeinflussen zu können, müssen Sie lernen, sich ihr anzupassen.

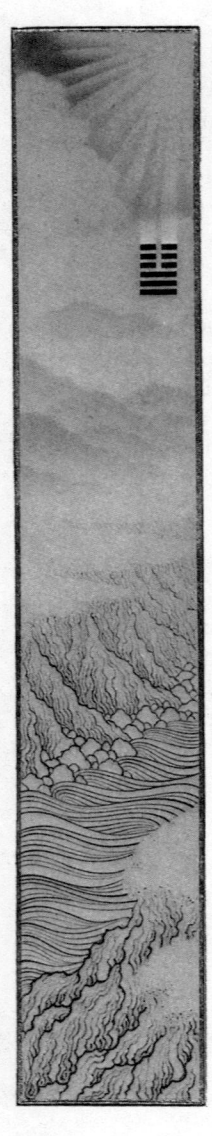

11
Das Gedeihen

DER MENSCH

Sie sind sensibel für das Eintreten günstiger Konstellationen, und so zögern Sie auch nicht, Ihre Chance zu ergreifen. Da Sie bei dem, was Sie dann unternehmen, im Einklang mit den kosmischen Gesetzen stehen, finden Sie echte Freunde, Helfer, die Ihre Pläne zum Gedeihen bringen.

DIE SITUATION

Beruflich stehen Ihnen Erfolge bevor. Sie üben eine große und heilsame Wirkung auf andere aus und stehen so kurz vor Erreichen Ihrer kühnsten Ziele. Alles, was nun geschieht, jeder Mensch, dem Sie jetzt begegnen, scheint ein willkommener Teil im Puzzle Ihrer Pläne zu sein.

PÁRTNERSCHAFT

Vieles halten Sie unnötigerweise vor Ihrem Partner verborgen. Etwas mehr hingebendes Vertrauen würde so manches Mißverständnis verhindern können.

DER RAT

Es ist von entscheidender Bedeutung für Ihre Zukunft, daß Sie erkennen und beachten, daß auch der höchste Berg ohne das tiefste Tal bezugslos alleine wäre. Seien Sie niemals sorglos auf den engen Pfaden, die zum Aufstieg führen. Und denken Sie an Ihre alten Freunde, wenn Sie Ihren Gipfel erreicht haben.

12
Die Stockung

Der Mensch

Sie sind sehr liebebedürftig, geben es aber nicht zu. Lieber arrangieren Sie die Dinge so, daß sich alle Welt um Sie kümmern oder Ihnen in irgendeiner Weise Respekt zollen muß. Wenn diese Taktik einmal versagt, ziehen Sie sich gekränkt zurück. Ihr Selbstbewußtsein ist noch sehr verletzlich. Dabei liegen in Ihnen alle Voraussetzungen, selbst zu lieben und wiedergeliebt zu werden.

Die Situation

Wenn Sie mit einem Fahrzeug in einen Stau geraten, können Sie beobachten, wie jeder jeden anderen behindert, ohne dies zu wollen. In einer solchen Situation befinden Sie sich nun. Niemand will Sie persönlich blockieren. Sie sind inmitten einer Kollektiverfahrung, bei der es um übergeordnete Zusammenhänge entsprechend kosmischer Ordnung geht. Und Sie werden erkennen: je ruhiger sich jeder Einzelne verhält, desto besser kommen alle zusammen letztendlich voran.

Partnerschaft

Sie reagieren jetzt gereizt aufeinander. Bald werden Sie wissen, daß Sie dem anderen Unrecht getan haben. Künftig werden Sie einander mehr Achtung entgegenbringen.

Der Rat

Da Sie Menschen und Situationen vorschnell beurteilen, übersehen Sie oft den Sinn, der hinter einem bestimmten Ereignis steckt. Widmen Sie sich dem Studium der Analogien, und Sie werden ein objektiver Beobachter, der stets weiß, was zu tun ist.

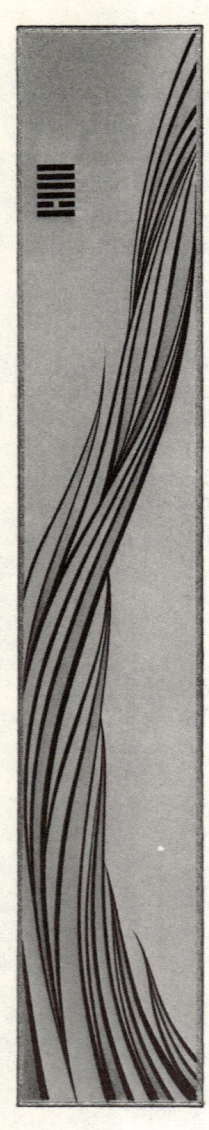

13
Gemeinschaft

Der Mensch

Obwohl Sie sich in der Rolle des Eigenbrötlers gefallen, verstehen Sie es, zur richtigen Zeit mit den richtigen Menschen zusammenzuarbeiten. Ihnen ist auch die seltene Fähigkeit zu eigen, Aufrichtigkeit als einziges Kapital einsetzen zu können gegen die Gefahren, die neue Unternehmungen gewöhnlich bergen.

Die Situation

Sie stehen vor einem Entwicklungsschritt in Ihrer Persönlichkeit. Sie müssen jetzt handeln, sonst handelt das Schicksal. Wenn Ihre Vorhaben den Bedürfnissen der Gesellschaft dienen, werden Sie jetzt Großes erreichen können: jedoch nicht alleine! Versichern Sie sich der umfassenden Hilfe älterer und erfahrener Menschen.

Partnerschaft

Die Übereinstimmung zwischen Ihnen und Ihrem Partner ist ungewöhnlich groß, und dies gibt Ihrer Beziehung in jeder Situation Halt und Stärke. Sie sind bei eventuellen Anfechtungen von außen wirklich vereint zu zweit.

Der Rat

Wenn Sie der Besonderheit der aktuellen Lage wegen in bezug auf die Wahl Ihrer Helfer unsicher sind, entscheiden Sie so, wie ein von Ihnen verehrter Vorfahr entschieden hätte.

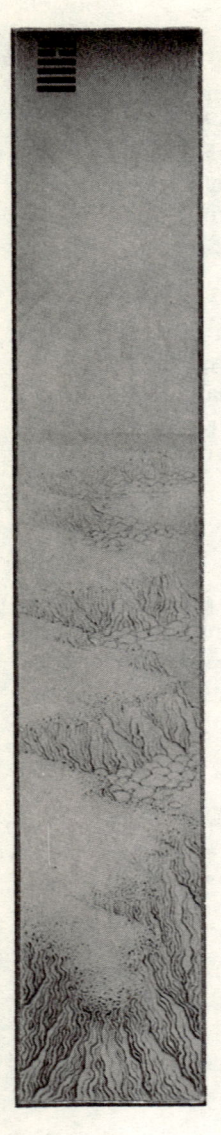

14
Wohlstand

DER MENSCH

Energie, Kompetenz, Autorität. Eins greift ins andere, und zusammen ist es der Motor, der Sie antreibt. Sie befinden sich dauernd in Aktion und sind außergewöhnlich erfolgreich. Ihre größte Stärke aber und zugleich die tiefste Ursache für diesen Erfolg ist Ihr bescheidenes, natürliches Wesen, Ihre Gabe, das Gute in jedem Menschen zu sehen und nicht nach dem äußeren Schein zu urteilen.

DIE SITUATION

Sie halten das letzte Puzzleteilchen zum ganz großen Glück in der Hand. Innerhalb kurzer Zeit werden Sie zu Wohlstand und Ansehen kommen. Doch das Glück prüft Sie: Ihnen wird gegeben, damit Sie auch anderen geben können. Wenn Sie andere teilhaben lassen an Ihrem Überfluß, und wenn Sie der bleiben, der Sie sind, wird Ihr Glück von Dauer sein, und Sie werden Ihren Wohlstand sogar noch vermehren.

PARTNERSCHAFT

Vom Glück in fast allen Dingen begünstigt, haben Sie das Gefühl, auch in Ihrer Partnerschaft stehe alles zum besten. Sie bringen jedoch Erfolgserlebnisse mit nach Hause statt Blumen, Liebe, Zeit für den anderen. Ihnen ist dies nicht bewußt. Doch nun, da Sie es wissen, müssen Sie es auch ändern.

DER RAT

Denken Sie an die Menschen, die Ihnen geholfen haben das zu werden, was Sie heute sind. Seien Sie großzügig ihnen gegenüber. Bleiben Sie trotz überragenden Erfolges bescheiden. Übertreiben Sie nichts.

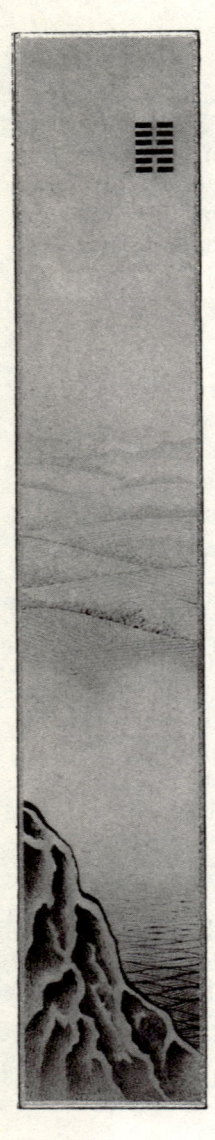

15
Die Mäßigung

DER MENSCH

Sie haben die Fähigkeit, festzuhalten, was Sie einmal besitzen. Der Grund hierfür liegt in Ihrer Bescheidenheit. Sie zeigen nicht allen Ihren Besitz, und wenn Sie stolz sind, so still für sich, im Gemüt. Wenn Sie etwas erreichen wollen, öffnen Sie sich mit Ihrem ruhigen, gemäßigten Wesen, das eine faszinierende Sicherheit ausstrahlt, alle Türen.

DIE SITUATION

Es gilt für Sie jetzt, Toleranz zu üben und diplomatisch vorzugehen. Die Situation verlangt von allen Beteiligten Zurückhaltung in den Ansprüchen, und nicht jedem fällt dies so leicht wie Ihnen. Wenn Sie jetzt vorbildlich handeln, qualifizieren Sie sich für eine ranghohe Position, über die man mit Ihnen sprechen möchte, wenn die Dinge wieder in geordneten Bahnen verlaufen.

PARTNERSCHAFT

Sie können einen Sachverhalt zwar jetzt besser beurteilen als Ihr Partner, aber vorrangig ist, daß der andere das Gefühl hat, selbst entschieden zu haben. Bleiben Sie taktvoll im Hintergrund.

DER RAT

Zeigen Sie keine Überreaktion in Form von Disputen, Klagen oder Prozessen. Sie würden den kürzeren ziehen, auch wenn Sie im Recht sind.

16
Begeisterung

DER MENSCH

Analytisches Vorgehen würde Ihnen den ganzen Spaß verderben. Das wollen Sie nicht riskieren. Sie handeln deshalb nach Gefühl und nehmen in Kauf, daß es nur kurz brennt, das Strohfeuer. Dabei mangelt es Ihnen durchaus nicht am nötigen Lebensernst, wie viele meinen. Sie haben einen nie versiegenden Optimismus, und der hilft Ihnen aus manchem Problem heraus.

DIE SITUATION

Schon bald werden Sie etwas Neues in Angriff nehmen und mit für Sie ungewöhnlicher Disziplin weiterverfolgen. In dieser Phase können Sie sogar im Spiel oder bei Spekulationen Glück haben. Hören Sie auf Ihre innere Stimme, die sich jetzt ein bißchen lauter als sonst meldet.

PARTNERSCHAFT

Sie verstehen es, Menschen in Ihren Bann zu ziehen. Überlegen Sie, ob Sie spielen wollen — und ob Sie dies anderen wie sich selbst gegenüber verantworten können.

DER RAT

Wie auch immer sich die Dinge für Sie entwickeln werden in den kommenden Wochen: gehen Sie sparsam und bewußt mit Geld um. Seien Sie vorsichtig in der Wahl Ihrer Freunde.

17
Die Nachfolge

DER MENSCH

Sie nehmen die Menschen und die Dinge, wie sie sind und wissen, was hinter den Kulissen wirkt. Gerade deshalb sind Sie verschwiegen und überaus anpassungsfähig. Und das macht Sie zu einem begehrten Ratgeber und Freund.

DIE SITUATION

Jemand wird sich Ihnen in den Weg stellen, und Sie werden mit Leichtigkeit herausfinden, wer es ist: schwimmen Sie mit dem Strom. Wer Ihnen nicht nachkommt, der kommt Ihnen entgegen.

PARTNERSCHAFT

Auch wenn das Wichtigste für Sie und Ihren Partner Ihre Liebe zueinander ist, so müssen Sie doch einige unterschiedliche Wertvorstellungen diskutieren, damit es später nicht zu Konflikten kommt.

DER RAT

Dienen Sie einer Sache, die später Ihnen dienlich sein soll — und auch nur dann dienlich sein kann.

18
Die Wiederherstellung

DER MENSCH

Sie kennen so ziemlich alle Tricks und Zauberkunststücke, mit Problemen fertigzuwerden. Doch unversehens haben Sie sich dadurch auch selber ausgetrickst: Solange Sie sich den Lebensprüfungen phantasiereich entziehen, solange werden diese Prüfungen in immer wieder anderem Gewand vor Ihnen auftauchen — bis Sie sie einmal gemeistert haben. Und hierin liegt ein ganz besonderer „Zauber", ein im Sinne des Wortes befreiender.

DIE SITUATION

Sie erwarten Auskunft vom I Ging über eine Angelegenheit, die im Begriff ist, sich aufzulösen. Tun Sie nichts, um die Entwicklung aufzuhalten, denn nur, wenn Sie die Kraft aufbringen, innerlich „loszulassen", kann das in Ihr Leben treten, was Ihnen bestimmt und dessen Zeit jetzt gekommen ist.

PARTNERSCHAFT

Nehmen Sie die Hand an, die man Ihnen reicht. Man hat Ihnen verziehen und will Ihnen helfen, sich selbst zu verzeihen.

DER RAT

Es ist von entscheidender Bedeutung, daß Sie jetzt nicht ungeduldig oder ängstlich werden. Hilfe ist schon unterwegs.

19
Die Annäherung

Der Mensch

Umsichtig und geschickt arrangieren Sie es, für alle Eventualitäten zuständig zu sein. In der Tat haben Sie ein fundiertes, wenngleich am Zweck orientiertes, Wissen. So machen Sie sich unentbehrlich. Auch als Freund. Weniger Perfektionismus dagegen würde Ihnen helfen, Ihre wahren Freunde zu erkennen.

Die Situation

Was Sie lange ersehnt haben, geschieht nun: Ihre Fähigkeiten werden erkannt und anerkannt. Sie werden gefördert bzw. befördert. Doch seien Sie auf der Hut: schon im Herbst (einige Übersetzungen des I Ging deuten auf den August) wird man versuchen, Ihnen die neue Position streitig zu machen.

Partnerschaft

Sie wollen in der Partnerschaft dominieren, und Ihr Partner findet das auch in Ordnung. Eines Tages wird es Sie langweilen, immer ein Ja, nie ein Nein als Antwort zu erhalten. Noch ist es Zeit, die Situation zu begradigen und damit die Basis zu schaffen, daß Sie sich auch künftig noch etwas zu sagen haben.

Der Rat

Vermeiden Sie es, sich Neider oder Feinde zu schaffen. Bleiben Sie bei Anschaffungen, Reisen, Hobbies etc. im Rahmen des Normalen. Helfen Sie Menschen, die Sie darum bitten.

20
Die Betrachtung

DER MENSCH

Würde man den psychosomatischen Schlüssel einmal zu Rate ziehen, also die seelischen Ursachen für körperliche Leiden ins Feld führen, so ließe sich mit gehöriger Sicherheit diagnostizieren, daß Sie einen Sehfehler haben, denn: Entweder Sie spielen Hingucken — und sehen nur das, was Sie sehen wollen oder Sie spielen Weggucken — und sehen doch mehr, als Ihnen lieb ist. In beiden Fällen führt es dazu, daß Sie sich und Ihr Leben nicht real sehen, daß Sie die „Herausforderung Leben" noch nicht angenommen haben. Es ist ratsam, daß Sie sich jemandem anvertrauen, der Ihnen die Lebensangst nehmen und Selbst-Sicherheit geben kann. Sie haben, ohne es zu wissen, die Augen auch vor den schönen Seiten des Lebens verschlossen und brauchen gewissermaßen Mut, die Sonnenblume nicht als Monster anzusehen.

DIE SITUATION

Eine Veränderung zeichnet sich ab. Entweder ziehen Sie bald um oder man gibt Ihnen beruflich eine Chance, weiterzukommen.

PARTNERSCHAFT

Ihr Verhältnis zum Partner ist in jeder Weise harmonisch und ausgeglichen. Er ist der einzige Mensch, dem Sie rückhaltlos vertrauen.

DER RAT

Da andere sich Ihnen nun mit besonderem Wohlwollen nähern, denn Sie haben interessante Ideen vorgetragen, sollten Sie nicht zu skeptisch auf ein Angebot reagieren; man meint es gut mit Ihnen und will Ihnen ein Sprungbrett schaffen. Natürlich werden alle Beteiligten von der Sache profitieren, aber Ihnen gebührt der Löwenanteil.

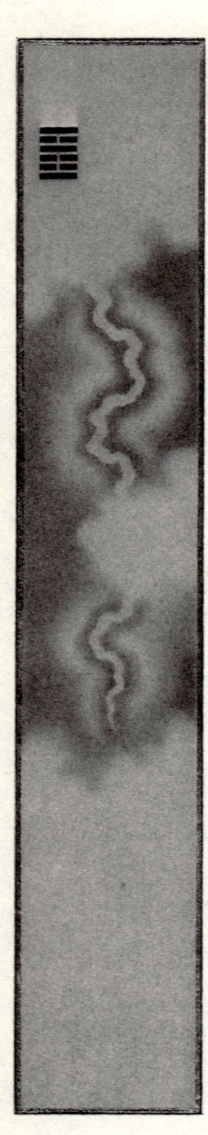

21
Das Durchbeißen

DER MENSCH

Ungewöhnliche Situationen verlangen ungewöhnliche Maßnahmen. Da ist das Schicksal bei Ihnen gerade richtig: Sie sind der geborene Stratege, der zu agieren wie zu re-agieren weiß. Mit nachtwandlerischer Sicherheit finden Sie einen Weg heraus aus brenzligen Situationen, und man kann sich wünschen, einen Menschen wie Sie an seiner Seite zu haben.

DIE SITUATION

Sie müssen schnellstens herausfinden, wer oder was Sie zur Zeit behindert. Sodann werden Sie die Hilfe eines Freundes erfahren, der Ihnen einen Fehler nicht ankreidet. Er hilft Ihnen auf eine Weise, daß Sie die gleichen Fehler nicht noch einmal machen können.

PARTNERSCHAFT

Beenden Sie eine Verbindung, in der sich jemand bewußt unkorrekt Ihnen gegenüber verhält. Betrifft es jedoch Ihre private Partnerschaft, so müssen Sie einen gemeinsamen Weg finden.

DER RAT

Verbinden Sie sich mit positiven Schwingungen, indem Sie Positives denken und unternehmen. Das klingt einfacher, als es getan ist — doch wirkt es auch stärker, als Sie denken. Die Lage wird sich zu Ihren Gunsten entwickeln. Bleiben Sie friedsam und voller Vertrauen.

22
Die Anmut

Der Mensch

Sie sind ein excellenter und kritischer Beobachter und sehen Strukturen, Facetten, Farben, Nuancen, die Ganzheit und jedes Detail. Mitunter ist dies schmerzlich für Sie, denn Sie sind absolut Ästhet, und entsprechend feinnervig nehmen Sie Ihre Umwelt wahr. Probleme lösen Sie elegant und stets auf hoher Ebene.

Die Situation

Es kommt hier auf die Form an und nicht auf den Inhalt. Dies deckt sich hervorragend mit Ihren Intentionen. Sie können Ihre Stellung, wenngleich auch nicht Ihre Kompetenz, ausweiten. Für weitreichende Änderungen ist jedoch jetzt nicht die Zeit.

Partnerschaft

Ihre Ansprüche aneinander basieren in erster Linie auf Ästhetik und niveauvollem Flirt. Es kann sehr viel mehr daraus werden, wenn Sie beginnen, sich natürlich zu geben.

Der Rat

Die Harmonie, die Sie wahrnehmen, täuscht. Jeder ist sich selbst nun der Nächste. Versuchen Sie, anderen zu helfen, und stellen Sie Ihre persönlichen Erwartungen für eine Zeitlang zurück. Nichts behindert Sie momentan mehr als ein Katalog der Bedürfnisse.

23
Der Zerfall

DER MENSCH

Sie geraten immer wieder in Extremsituationen, weil Sie zu sorglos in den Tag hinein leben. Aber Sie sind ein Stehaufmännchen
und beginnen immer wieder von vorne. Es wäre Ihnen durchaus
möglich, an jedem beliebigen Punkt in Ihr Schicksal einzugrei-
fen, aber Sie brauchen die Gefahr — und das Wunder, das dann
prompt zu geschehen hat.

DIE SITUATION

Sie sind der Kapitän eines sinkenden Schiffes, und Sie wissen dies
auch. Alles, was Sie nun tun können und in jedem Fall auch tun
müssen, ist, sich bewußt nicht um sich, dafür umso intensiver
um andere zu kümmern. Bildlich gesprochen: nur dadurch, daß
Sie die Mannschaft und die Passagiere von Bord gehen lassen,
wird Ihr Schiff so leicht, daß Sie sich mit ihm über Wasser halten
können, bis Hilfe eintrifft. Es wird ein Umbruch in Ihrem Leben
stattfinden, aber er ist heilsam für Sie. Das Neue, das hinter dem
Geschehen schon auf Sie wartet, wird Ihnen mehr Freude und
mehr Erfolg bringen.

PARTNERSCHAFT

Wenn Sie außerstande sind, einen für beide Teile gerechten Kom-
promiß zu schließen, sollten Sie die Verbindung lösen.

DER RAT

Bewahren Sie die Ruhe, was immer auch geschieht. Hören Sie
nicht auf Menschen, die Panik verbreiten wollen. Jemand hat ein
Interesse daran, daß Sie jetzt einen Fehler machen.

24
Neuanfang

Der Mensch

Sie haben aus eigenen und aus den Fehlern anderer gelernt, doch das geht nur Sie etwas an, und so igeln Sie sich vorsichtshalber ein. Außerdem wollen Sie auch Ihre Ruhe und finden es gänzlich überflüssig, daß jemand Einblick in Ihr Leben und in Ihre Privatsphäre hat. Kaum jemand kennt Sie gut genug, um sich Ihnen gegenüber objektiv richtig verhalten zu können. Ihnen genügt es, daß es der Mensch kann, den Sie lieben.

Die Situation

Sonnenaufgang in Ihrem Leben. Die Nacht ist vorüber. Jetzt ist die Zeit für das Neue gekommen; ein neuer Zyklus tritt in seine Umlaufbahn. Es mag sein, daß Sie nach langer Krankheit genesen, eine neue Arbeitsstelle finden, den Beruf wechseln oder dem Partner fürs Leben begegnen. Was immer das Neue in Ihrem Leben ist: Sie werden nun erkennen, daß hinter allen Dingen ein weises Ordnungsprinzip wirkt und nichts zufällig geschieht.

Partnerschaft

Sie lernen nun den richtigen Partner kennen oder eine bestehende Partnerschaft wird neue Perspektiven erhalten.

Der Rat

Überstürzen Sie nichts, nur weil die Ereignisse so faszinierend und so neu sind. Auch ein aufgehendes Samenkorn braucht seine Zeit.

25
Das Unerwartete

DER MENSCH

Sie tüfteln gerne Ideen aus, gehen Dingen auf den Grund und erschließen sich auch Geheimnisse. Erworbenes Wissen wenden Sie auf originelle und für Ihre Mitmenschen oft verblüffende Art und Weise an. Achten Sie jedoch darauf, daß Sie niemandes Gefühle verletzen.

DIE SITUATION

Man wird Sie vor vollendete Tatsachen stellen, und ausnahmsweise haben Sie mal nicht vorher alles gewußt. Ihre Gedanken gingen in eine völlig falsche Richtung — zum Glück für Sie allerdings.

PARTNERSCHAFT

Gegenwärtig ist es für Ihren Partner schwer, Ihre Wünsche und Pläne zu erkennen, und dies kompliziert Ihr Verhältnis zueinander. Werden Sie ausgeglichener, „berechenbarer".

DER RAT

Wenn Sie auf die Ereignisse spontan und ohne Hintergedanken reagieren, wird sich alles zu Ihrem Vorteil fügen.

26
Des Großen Zähmungskraft

DER MENSCH

Ruhig beobachten und analysieren Sie, bewahren Geheimnisse für sich und gehen einen geraden Weg. Gerade das aber macht Ihre Umwelt nervös und läßt sie Ihnen gegenüber mißtrauisch reagieren. Wer Ihr Wesen jedoch einmal begriffen hat, ist fortan ohne Furcht, in einer Notsituation ohne Freund zu sein; Sie sind ein Fels in der Brandung.

DIE SITUATION

Sie verfügen über Wissen und über Möglichkeiten, ein der Allgemeinheit dienendes Projekt zu realisieren. Momentan gehen die Dinge aber nicht voran, weil persönliche Interessen Dritter durchgesetzt werden sollen. Sie werden diese Leute und ihre Absichten jedoch erkennen und sehr souverän reagieren.

PARTNERSCHAFT

Ihr Partner ist rundherum einverstanden mit Ihnen. Umso wichtiger ist es, daß Sie dieses hohe Maß an Liebe und Vertrauen rechtfertigen. Prüfen Sie sich von Zeit zu Zeit.

DER RAT

Sie halten alle Fäden in der Hand, wenn Sie ruhig und gelassen auftreten. Man erwartet, daß Sie explodieren und ist auf die entgegengesetzte Reaktion in keiner Weise vorbereitet.

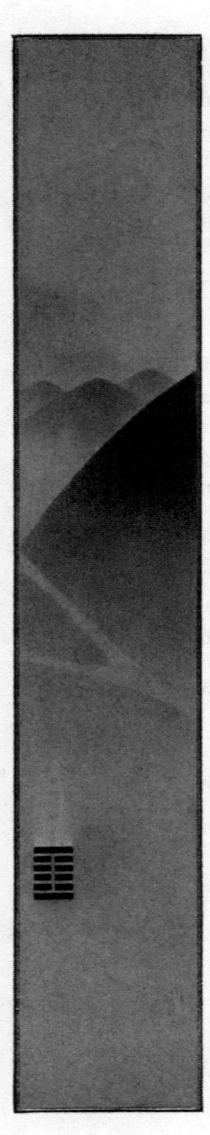

27
Die Ernährung

Der Mensch

Man sagt: „Der Mensch ist, was er ißt", und dies hat eine wichtige Parallele auf geistiger Ebene — Was Sie bereitwillig an Ideen, Gedanken, Ereignissen und in der Summe alldessen an „Ein-Flüssen" aufnehmen, das nimmt seinerseits auch „Ein-Fluß" auf Ihr Verhalten und damit auf Ihr Leben und Erleben. So sind Sie oft unzufrieden, ohne den Grund zu kennen. Sie hungern im Sinne des Wortes nach Harmonie, nach positiven Erfahrungen — und es wäre so leicht für Sie, dies alles zu bekommen.

Die Situation

Ihr Geschmack wird sich zu Ihrer eigenen Überraschung ändern, und damit schlagen Sie ein neues Kapitel in Ihrem Leben auf. Ihre Wertvorstellungen werden dann andere sein als vorher; Sie werden bescheidener und glücklicher werden.

Partnerschaft

Ihre Partnerschaft dürfte intakt und gefestigt genug sein, als daß Sie über bisher unausgesprochene Wünsche offen miteinander reden können.

Der Rat

Überprüfen Sie kritisch Ihre Ernährungsweise, und suchen Sie gelegentlich einen Arzt oder Zahnarzt auf, vorsorglich. Gleichzeitig ist es angeraten, den Kontakt zu Menschen einzuschränken oder abzubrechen, die wenig Positives zu erzählen haben.

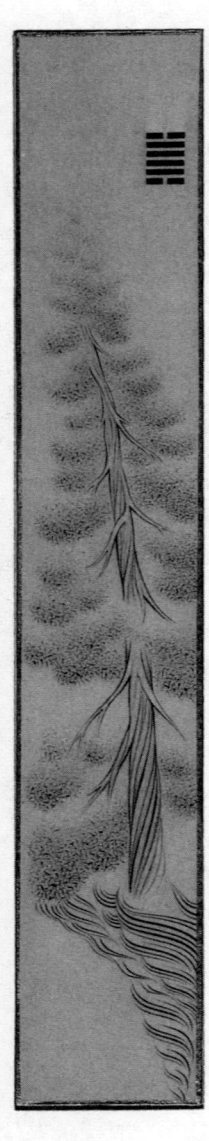

28
Das Übermaß

DER MENSCH

Sie sind so recht von Herzen froh, daß die Welt Sie hat! Diese Großzügigkeit im Denken trifft indes nicht auf jedermanns Verständnis. Sie blockieren möglicherweise damit gerade jene Wege, die Sie eigentlich gehen wollten. Wenn Sie sich weniger unerreichbar machen, können Sie eine Menge im Leben erreichen.

DIE SITUATION

Sie haben das Maß voll gemacht und dürfen sich nun nicht wundern, daß es überläuft. Aber es wird Ihnen jemand helfen, für die Zukunft ein größeres Maß zu finden — wenn Sie zugeben, daß Sie sich in der Angelegenheit überschätzt haben.

PARTNERSCHAFT

Treue Ihrerseits würde vieles einfacher und viele Ihrer Fragen überflüssig machen.

DER RAT

Bleiben Sie höflich und sachlich, und versuchen Sie nicht, andere für etwas verantwortlich zu machen, das in Ihrer Verantwortung lag.

29
Gefahr

DER MENSCH

Sie wittern Gefahren, aber Sie fürchten sie nicht. Dies macht Sie überlegen und unangreifbar. Sie gewinnen also, weil Sie den Kampf überflüssig machen. Und nur dann.

DIE SITUATION

Durch Ihre unmittelbare Umgebung droht Ihnen Gefahr, die mit einem Verlust verbunden ist. Durch Ihre bewährte Furchtlosigkeit jedoch können Sie Ihren Gegner entmachten und im Gegenzug sogar für Ihre Ziele einsetzen.

PARTNERSCHAFT

Sie forcieren derzeit eine Krise, nur um sich der Liebe Ihres Partners erneut zu versichern. Es ist nicht fair, und der andere könnte aus Ihrem Verhalten lernen.

DER RAT

Je tadel-loser Sie sich verhalten, desto stärker wird Ihr Schutz sein, unter dem Sie stehen. Tadel-los bedeutet übrigens auch, daß Sie andere nicht zu verurteilen haben.

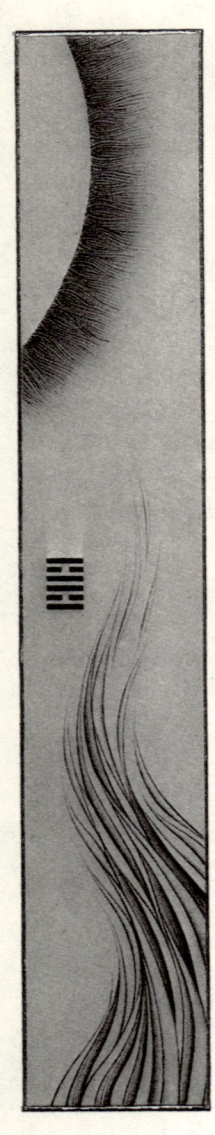

30
Das Feuer

Der Mensch

Sie sind eine ausgeprägte Persönlichkeit und wissen dies auch. Das öffnet Ihnen Türen, verschließt Ihnen mitunter aber auch Herzen. In einem solchen Fall bringen Sie es fertig, mit Tränen in den Augen Brücken hinter sich abzubrennen. Der Umgang mit Ihnen wird angenehm aufregend erst, wenn Sie sich geliebt fühlen oder gesellschaftliche Akzeptanz erreicht haben.

Die Situation

Jemand ist unaufrichtig Ihnen gegenüber und versucht, Ihnen eine Sache falsch darzulegen. Das macht Sie traurig, doch gleichsam auch versetzt es Sie endlich in die Lage, durchzugreifen. Aus dieser Sie befreienden Objektivität schöpfen Sie Kraft.

Partnerschaft

Es kursieren verschiedene Gerüchte über Ihre Partnerschaft, aber dies ficht Sie nicht an, und so werden die Stimmen bald verstummen.

Der Rat

Es empfiehlt sich, jetzt den Rat eines Freundes oder einer loyalen Person einzuholen.

31
Die Anziehung

DER MENSCH

Ihr Typus hat gewissermaßen Seltenheitswert. Sie sind objektiv, logisch, vernünftig, korrekt und damit für Ihre Umwelt sehr wägbar. Ihre Geradlinigkeit bringt Ihnen Respekt und Achtung ein.

DIE SITUATION

Jetzt ist Ihre Stunde gekommen. Sie werden den Erfolg in einem Ausmaß anziehen, wie Sie es nicht zu hoffen wagten. Ihre starke emotionale Bindung an die betreffende Person oder Angelegenheit wirkt nun wie ein Magnet, der die Dinge zu sich heranzieht, sobald sie in eine bestimmte Nähe gekommen sind.

PARTNERSCHAFT

Liebe macht blind, und das kommt folgendermaßen: je näher Sie einander kommen, desto weniger sehen Sie voneinander. Momentan sind Sie jedoch nicht für die Anregung zu begeistern, etwas mehr Abstand zu halten, um die Möglichkeit der gegenseitigen Betrachtung, und damit ja auch Beurteilung, zu haben. Schade, denn Sie würden Dinge entdecken, die Ihnen sehr gefallen.

DER RAT

Sie sind es, der den ersten Schritt tun muß. Je klarer es ist, daß Sie nun handeln, desto mehr kommt man Ihnen entgegen.

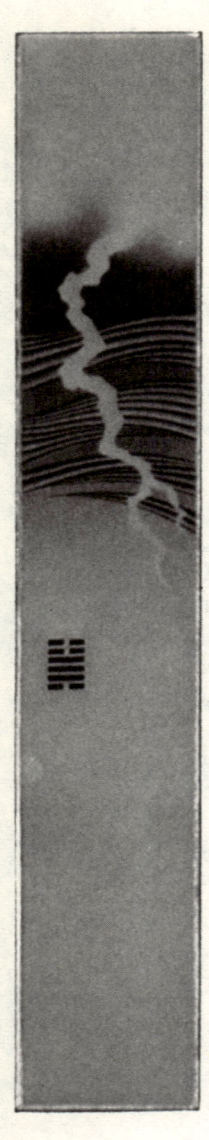

32
Die Dauer

DER MENSCH

Treue, Ausdauer, Beständigkeit, feste Meinungen, Prinzipien und unverrückbare Ziele. Das sind Sie. Und es macht Sie — auch auf Dauer — erfolgreich.

DIE SITUATION

Sie waren schon einmal in ähnlicher Lage wie jetzt. Und auch jetzt können Sie unbesorgt so handeln wie seinerzeit. Sie werden jedoch zu prüfen haben, welcher der beiden sich bietenden Wege auch unter der Oberfläche noch fest ist.

PARTNERSCHAFT

Sie ergänzen sich fabelhaft, sind „wie gebacken füreinander". Ihre Partnerschaft gründet sich auf hohen und bleibenden Werten.

DER RAT

Daß Sie sich an das Bekannte und Bewährte halten, ist durchaus in Ordnung. Vielleicht gäbe es aber eine Möglichkeit, dies mit mehr Pfiff und Elan zu tun. Die Dauer, sich selbst überlassen, würde sich langweilen; sie braucht neue Impulse.

33
Der Rückzug

Der Mensch

Druck erzeugt Gegendruck, und das wissen Sie zu vermeiden. Sie halten Frieden in Ihren inneren und äußeren Angelegenheiten und erkennen den Augenblick, da Sie sich ohne Hast und auch ohne Gesichtsverlust zurückziehen können. Auf diese Weise sind Sie immer zur rechten Zeit am rechten Ort — zumindest in Sicherheit.

Die Situation

Ihre Gegner sind stark und unfair. Vermeiden Sie jede Konfrontation. Ziehen Sie sich zurück. Das Urteil dieser Leute braucht Sie nicht zu interessieren. Sie werden nach Ihrem Rückzug auf ungewöhnliche Menschen und Umstände treffen und hierdurch Erfolg haben.

Partnerschaft

Verzichten Sie einmal darauf, Ihren Willen durchzusetzen: Sie werden zwei Menschen dadurch glücklicher machen — nämlich auch sich selber.

Der Rat

An einer glatten Wand kann niemand hinaufklettern. Zeigen Sie Ihre Gefühle nicht, bewahren Sie nach außen hin stoische Ruhe.

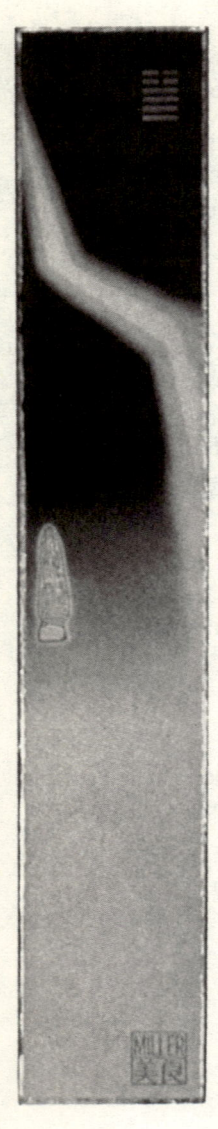

34
Die Große Macht

DER MENSCH

Sie leben mit einer hohen Verantwortung, denn Sie haben Macht. Ihr Einfluß auf Menschen und Situationen wird durch Ihre persönliche Ausstrahlung noch gestärkt. Das ist Ihre lebenslange Charakterprüfung. Wenn es Ihnen gelingt, Ihre durchaus vorhandenen Schwächen zu erkennen und anzuerkennen, dann werden Sie sie auch bei anderen akzeptieren — und Ihre Macht niemals mißbrauchen.

DIE SITUATION

Sie sind Mittelpunkt, und man wird genau hinschauen, was Sie jetzt tun. Wenn Sie „einer aus ihrer Mitte" bleiben, haben Sie gewonnen. Wer herrschen will, muß zuvor dienen können, sagt ein altes chinesisches Sprichwort.

PARTNERSCHAFT

Wer andere beeinflußt, trägt auch die Verantwortung für dessen Entwicklung. Etwas mehr Eigeninitiative würde Ihrem Partner gut bekommen. Und letztlich damit auch Ihnen.

DER RAT

Ihr Einfluß wird nicht geringer, wenn Sie ihn einmal nicht ausüben. Geben Sie acht, daß bei einer Machtprobe nicht Sie derjenige sind, der auf dem Prüfstand steht.

35
Der Fortschritt

DER MENSCH

Solange Sie an sich selbst glauben, gibt es für Sie kein Hindernis. Diese Erkenntnis ist Ihr wichtigstes Kapital, und damit gelingt es Ihnen, andere von Ihren Fähigkeiten und Ideen zu überzeugen. Wenn Sie trotzdem bescheiden bleiben, werden Sie eines Tages Großes erreichen.

DIE SITUATION

Ihr Aufstieg beginnt. Aber Achtung: man wird Sie danach beurteilen, wie Sie nach oben gekommen sind. Nutzen Sie die Gelegenheit, anderen zu helfen, ohne eine Gegenleistung zu vereinbaren oder zu erwarten. Teilen und herrschen, lautet die Devise.

PARTNERSCHAFT

Jeder von Ihnen Beiden sollte ein wenig mehr zu sich selbst kommen können; wenn Sie einander mehr persönlichen Freiraum lassen, haben Sie keine Probleme miteinander.

DER RAT

Es genügt nicht, sich über das Ziel im klaren zu sein, man muß auch den Weg kennen. In Ihrem Fall heißt er Nächstenliebe und Fairneß.

36
Die Verfinsterung des Lichts

Der Mensch

Alles Dunkle und Geheimnisvolle übt eine starke Faszination auf Sie aus. Sie studieren die Finsternis, weil man das nicht zu fürchten braucht, das man kennt. Man könnte glauben, Sie üben das Pfeifen im Wald; nur Wenige wissen, daß es die Suche nach dem Sinn des Lebens, die Suche nach dem Licht ist, die Sie vorantreibt.

Die Situation

Bleiben Sie im Hintergrund. Die Dinge laufen jetzt nicht nach Ihren Wünschen, und wenn Sie sich einmischen, verschlimmern Sie die Situation nur noch. Legen Sie sich inzwischen einen Plan zurecht, aber reden Sie mit niemandem darüber.

Partnerschaft

Ihre Ideale stimmen nicht überein. Dies ist der zentrale Grund für alle Mißverständnisse und Meinungsverschiedenheiten. Sie können das Problem nur lösen, indem Sie dem jeweils anderen mehr Recht auf seine persönliche Meinung einräumen und beginnen, ihn zu achten.

Der Rat

Was Sie denken, das sind Sie. Ihre Komplexe sind absolut unnötig. Wenn Sie sich selbst positiv gegenüberstehen, werden automatisch auch andere sich Ihnen gegenüber aufgeschlossen und freundschaftlich verhalten.

37
Die Familie

Der Mensch

Sie machen, was Sie wollen wenn Sie gerade einmal wissen, was Sie wollen. Die Angst zu versagen ist nämlich oft Ihr Alibi, es gar nicht erst zu versuchen. Soweit die Lage, wenn Sie alleine leben.

In Gemeinschaft leben Sie auf. Wenn Sie Geborgenheit und Ordnung spüren, fühlen Sie sich sicher und mutig und sofort auch stark genug, das Kommando zu übenehmen. Sie brauchen sehr viel Zuwendung, um Ihre Aufgabe im Leben zu erkennen und zu erfüllen.

Die Situation

Hören Sie auf Ihr Herz, das sagt Ihnen die Wahrheit. Es wird jemand auftauchen, der Ihnen hilft. Nur: handeln müssen Sie schon selbst. Und zwar in absoluter Übereinstimmung mit der Position, in der Sie sich befinden. Nehmen Sie sich ein Beispiel an einer intakten, glücklichen Familie. Dann kennen Sie Ihren Platz und Ihre Aufgabe.

Partnerschaft

Sie kommen weiter, wenn Sie das Problem gemeinsam zu lösen versuchen. Sprechen Sie sich aus, und seien Sie entgegenkommend.

Der Rat

Sie sind nicht allein und dürfen den Mut nicht sinken lassen. Reichen Sie dem die Hand, der Sie herausziehen will und kann. Jetzt nur keinen falschen Stolz zeigen!

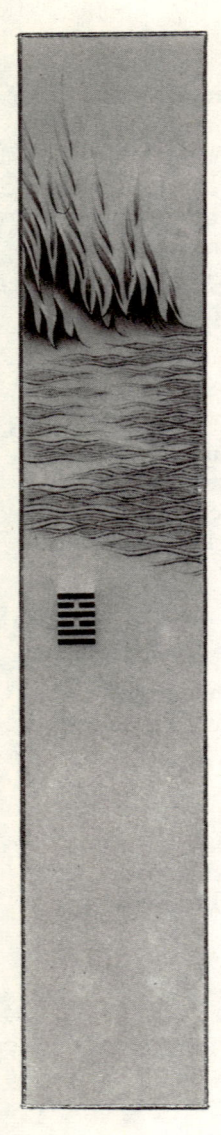

38
Der Gegensatz

DER MENSCH

Wer von Ihnen eine klare Entscheidung verlangt, bekommt zwei. Denn: Sie haben einen Röntgenblick für Zusammenhänge und praktizieren mentales Jiu Jitsu zwischen Einerseits und Andererseits. Einerseits sind Sie stets um Ausgleich bemüht, andererseits blockieren Sie auf diese spezielle Weise Ihre persönliche Ausgeglichenheit. Sie können glücklicher werden, wenn Sie an-erkennen, daß Plus und Minus einander aufheben, wenn sie gleichzeitig auf den Plan treten; alles hat seine Zeit und seine Daseinsberechtigung und seinen Sinn.

DIE SITUATION

Meinungs-Verschiedenheiten könnten eine friedliche Erscheinungsform menschlichen Denkens sein. Offenbar ist den Menschen aber gar nicht an Verschiedenheit, ermöglicht erst durch ihre Einzigartigkeit, gelegen, und so führen denn die verschiedenen Meinungen verschiedener Menschen paradoxerweise zum Streit. Genau das ist die Situation, in der Sie jetzt stehen — und erkennen, wie unsinnig bestimmte Leute handeln. Dies sollte Ihnen Überlegenheit geben, vielleicht auch Humor.

PARTNERSCHAFT

Ihre Schüchternheit wird falsch interpretiert. Gehen Sie ruhig einmal entgegen Ihrer Gewohnheit auf den Partner zu. Sie werden sehen, daß ein Engagement ohne viel Wenn und Aber Ihnen neue Wege öffnet.

DER RAT

Bemühen Sie sich um Neutralität, und lassen Sie sich keinesfalls auf Diskussionen ein. Es ist besser für Sie, wenn man Ihre Meinung aufgrund der besseren Kenntnis der Zusammenhänge diesmal nicht kennt.

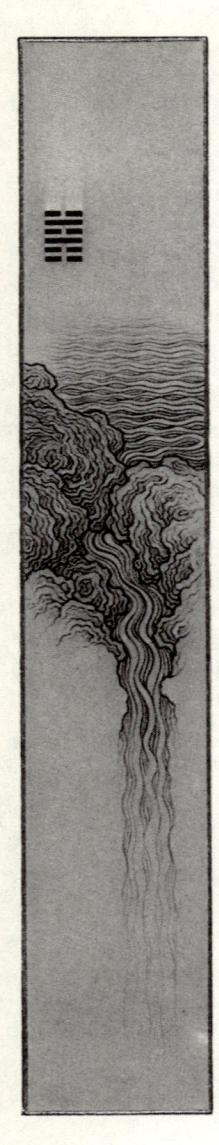

39
Die Blockade

Der Mensch

Unter einem sinnvollen Leben verstehen Sie, Runzeln und Falten in der Seele zu tragen. Immer wieder ziehen Sie deshalb ganz spezielle Prüfungen in Ihr Leben, und immer wieder gehen Sie mit freudiger Entschlossenheit und moralischer Integrität daran, sie zu bestehen. Einen Menschen wie Sie zum Freund zu haben, bedeutet Abenteuer und Schutz zugleich.

Die Situation

Sie werden in einer aktuellen Angelegenheit auf Widerstand stossen. Wenn Sie sich eine ähnliche Situation aus der Vergangenheit zurückrufen, werden Sie den Grund erkennen und auch verstehen, daß Sie sporadisch so lange mit dem Grundproblem konfrontiert werden, bis Sie es auf eine vollkommene Weise gelöst und sich dadurch weiterentwickelt haben.

Partnerschaft

Eine dritte Person hat bewußt Konfliktstoff in Ihre Partnerschaft hineingebracht; die Motive dürften Sie durchschauen. Es gilt nun, dieser Person nicht ungewollt Macht über Sie zu verleihen, und deshalb ist es zwingend, daß Sie — Beide — ruhig und gelassen reagieren. Nur dann sind Sie wirklich unangreifbar.

Der Rat

Wenn das fließende Wasser auf seinem Weg aufgehalten wird durch ein Hindernis, so weicht es weder resigniert zurück, noch reagiert es mit Gewalt darauf. Es verharrt und bleibt ruhig. Es sammelt sich hinter der Sperre, gewinnt damit an Kraft, steigt und fließt schließlich über das Hindernis hinweg. Nehmen Sie sich ein Beispiel daran.

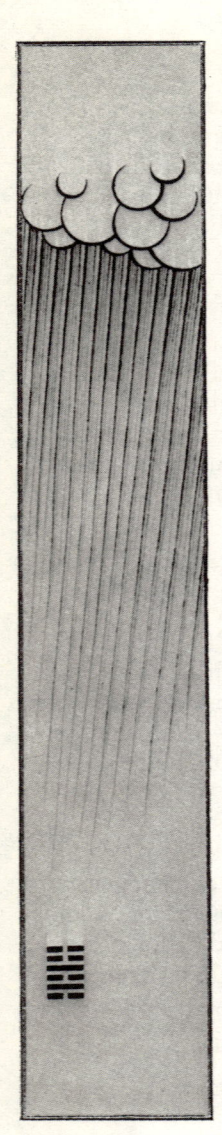

40
Die Befreiung

Der Mensch

Ihre Dynamik ist mitreißend — in Schluchten von Traurigkeit oder auf Gipfel der Freude, je nachdem. Jedenfalls sind Sie gründlich. Und sehr geschätzt. Als philosophischer und als explosiv innovativer Ratgeber.

Die Situation

Die Periode der Aufregung, Ängste und Blockaden ist vorüber. Sie können neu beginnen: Freundschaften schließen, Verträge unterzeichnen, verreisen, umziehen, ein neues Leben beginnen, wenn Sie wollen. Was immer jedoch Sie vorhaben: tun Sie es ohne Zögern; nur sehr selten im Zeitenlauf ist Fortuna so spendabel.

Partnerschaft

Sie werden sich aus der gegenwärtigen Situation befreien: Sind Sie mit Ihrem Partner zerstritten, so werden Sie sich versöhnen; engt die Bindung Sie ein, so werden Sie Gelegenheit finden, sich auf faire Weise zu trennen.

Der Rat

Achten Sie bei allen Handlungen jetzt verstärkt darauf, daß sie positiver Energie entspringen und niemandem schaden. Möglicherweise erkennen Sie nun auch Ihre wahren Freunde; nehmen Sie diese Erkenntnis dankbar an, und verzeihen Sie denen, die der Freundschaft Ihnen gegenüber unfähig waren.

41
Die Verringerung

Der Mensch

Sie lassen sich vom Wellengang Ihrer Launen unbekümmert tragen und genießen es, daß man Ihnen nicht böse sein kann. In allem, was Sie tun, sind Sie sehr intensiv — was ausschließt, daß Sie jemals Mittelmaß akzeptieren werden.

Die Situation

Die Felle schwimmen Ihnen davon, materielle Verluste sind jetzt wahrscheinlich. Akzeptieren Sie es, später erkennen Sie im Wandel der Situation Ihren Fortschritt.

Partnerschaft

Plötzlich sind Sie für Ihren Partner nicht mehr der Nabel der Welt. Ihre Beziehung pendelt sich auf kameradschaftlichem Niveau ein. Reagieren Sie nicht gekränkt, denn bald verschieben sich auch für Sie die Perspektiven.

Der Rat

Was immer Sie momentan zu konfrontieren haben: nehmen Sie es an, und täuschen Sie Ihrer Umwelt nicht vor, alles sei beim alten geblieben; auf diese Weise würden Sie sich die Tür zur Realität und damit zum Neubeginn versperren.

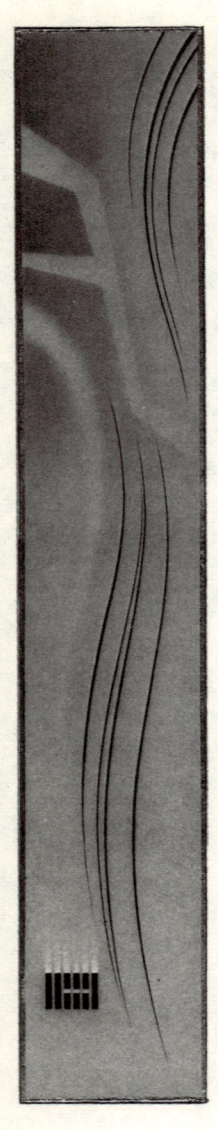

42
Die Vermehrung

DER MENSCH

Sie begreifen schnell und können die Dinge unmittelbar in einem großen Zusammenhang sehen und beurteilen. Dies prädestiniert Sie für Aufgaben, die sichere Entscheidungen verlangen — für Führungsaufgaben zum Beispiel. Als Ratgeber sind Sie aber auch privat vielen Menschen unentbehrlich.

DIE SITUATION

Die Saat geht jetzt auf: was Sie lange gehofft oder geplant haben, läßt sich nun realisieren. Auch un-erwartete Chancen bieten sich Ihnen, und Sie können, ja, müssen sogar zeigen, was in Ihnen steckt. ‚Wenn nicht jetzt, wann dann?‘, lautet die Devise.

PARTNERSCHAFT

Weil Sie sich selbst überschätzt haben, sind auch die Erwartungen an Ihren Partner zu hoch gewesen. Seien Sie nachsichtig, und überdenken Sie Ihren weiteren gemeinsamen Weg; öffnen Sie sich für neue Impulse.

DER RAT

Nehmen Sie den Rat eines Menschen an, mit dessen Unterstützung Sie eigentlich gar nicht gerechnet haben. Überhaupt werden Sie feststellen, daß viele an Ihrem Glück beteiligt sind, und Sie sollten sie nun auch Anteil daran haben lassen.

43
Der Durchbruch

DER MENSCH

In Ihnen steckt das klassische Schlummertalent. Eines Tages, und niemand weiß besser als Sie, wann die Zeit dafür gekommen ist, streifen Sie gesellschaftliche Fesseln und wenn nötig auch Normen ab, um sich in völliger Unabhängigkeit voll zu entfalten: zur Freude und zum Nutzen anderer Menschen, mit denen Sie sich von da an in einem ständigen Austausch positiver Kräfte befinden.

DIE SITUATION

Jemand verwendet und verschwendet viel Kraft darauf, Ihren Durchbruch zu verhindern. Doch je weniger Sie davon Notiz nehmen, desto uninteressanter sind Sie als Gegner für den Betreffenden.

PARTNERSCHAFT

Endlich können Sie erkennen, wodurch der Konflikt entstanden und wer Ihr Widersacher ist. Nun lassen sich alle Probleme sanft und nachhaltig lösen.

DER RAT

Öffnen Sie Türen nicht mit der Schulter, da Sie doch über einen Passepartout verfügen.

44
Das Zusammentreffen

Der Mensch

Ihre subtile, überdurchschnittliche Menschenkenntnis und Ihr nicht immer unbewußt einfließender Charme führen Sie mit Menschen zusammen, die Ihr Leben positiv mitgestalten. Sie werden ein außergewöhnlich erfolgreiches Unternehmen aufbauen und/oder ein außergewöhnlich glückliches Privatleben führen können.

Die Situation

Es ist unvermeidlich, aber heilsam, daß Sie über Ihnen nicht bekannte Motive eines nahestehenden Menschen informiert werden. So können Sie einerseits helfend eingreifen und in einer bestimmten Angelegenheit endlich selbst mit offenen Karten spielen.

Partnerschaft

„Es sind nicht alle frei, die ihrer Ketten spotten", wissen wir von Lessing. Doch Sie selbst haben sich in die Lage hineinmanövriert. Wenn Sie jetzt einer Laune nachgeben, sind Sie der Mensch, der Sie früher einmal waren – und bald allein.

Der Rat

Lassen Sie sich nicht in unklare Geschäfte verwickeln; der Mensch, dem Sie hier vertrauen würden, wäre seinerseits schon getäuscht worden.

45
Die Sammlung

DER MENSCH

Sie vertrauen auf Quantität. Ihr Erfolg liegt in der Teamarbeit, Ihre Sicherheit im Zusammentragen von materiellen und geistigen Werten, Ihr Vergnügen im geselligen Beisammensein. Wobei die Zuordnungen beliebig austauschbar und für Sie damit optimal nutzbar sind.

DIE SITUATION

Sie treffen auf Menschen, die Ihnen einen wertvollen Dienst erweisen können, wenn Sie sich deren Ideen und Vorschlägen öffnen und ungeachtet anfänglicher Hürden zur Kooperation bereit sind.

PARTNERSCHAFT

Die Intensität Ihrer Partnerschaft ist von einer Gemeinschaft abhängig, der einer von Ihnen Beiden angehört und für die er unverhältnismäßig viel Zeit aufbringt. Es ist Zeit für eine Zäsur.

DER RAT

Man erwartet Loyalität von Ihnen — nicht mehr und nicht weniger. Stoßen Sie niemanden vor den Kopf, nur weil Sie sich im Augenblick überfordert fühlen.

46
Der Aufstieg

DER MENSCH

Weil Sie in Erfolgen denken, haben Sie Erfolg. Weil Sie anderen helfen, finden Sie auch Unterstützung durch andere. Ihr Verhältnis zu Nehmen und Geben ist ausgewogen.

DIE SITUATION

Ihre Bescheidenheit mag ein Juwel sein im Glitzerkampf der Eitelkeiten — aber jetzt müssen Sie Ihre legalen Ansprüche geltend machen und auch die finanziellen Vorteile für sich reklamieren. Zögern Sie nicht länger!

PARTNERSCHAFT

Ihre Motive vereinen sich in Harmonie mit denen Ihres Partners, und so steht Ihrem gemeinsamen Glück nur noch das Nichterkennen im Wege.

DER RAT

Ihr Potential, andere an Ihrem Erfolg teilhaben zu lassen, ist groß. Achten Sie jedoch darauf, daß man Ihre Gutmütigkeit nicht überbeansprucht.

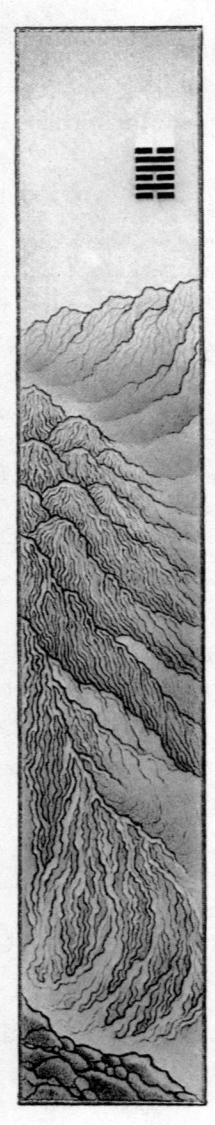

47
Die Bedrängnis

Der Mensch

Sie sitzen gerne wohlbehütet in Ihrer Nußschale — und träumen davon, daß die Menschen Ihnen Sympathie oder gar Liebe entgegenbringen. Doch nur dann, wenn Sie Ihre Schale selbst ablegen, können Sie vermeiden, daß Ihnen ausgerechnet die Menschen weh tun müssen, die schon lange und in bester Absicht die Nähe zu Ihnen suchen.

Die Situation

Sie fühlen sich in eine Lage hineinmanövriert, der Sie nur durch die Flucht nach vorne, die bewußte Konfrontation, entkommen können. Dadurch jedoch eröffnen Sie sich neue Perspektiven und lenken Ihr bis dato etwas passives Leben in vitale und Sie in jeder Beziehung stärkende Bahnen.

Partnerschaft

Lockern Sie Ihre Seele, und seien Sie endlich der Mensch, den Ihr Partner in Ihnen gefunden hat, noch ehe Sie selbst sich fanden; Ihr Weg zum anderen führt nun durch Sie selbst hindurch.

Der Rat

Kämpfen Sie nicht mit Worten, sondern mit Schweigen. Ihr Wille wird sich bemerkbar machen, wenn es Zeit für Sie ist, zu handeln.

48
Der Brunnen

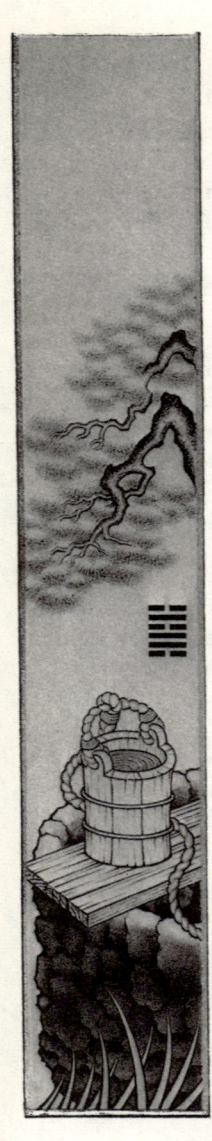

DER MENSCH

Ihr Wesen ist vergleichbar einer Quelle, die fröhlich allen gibt und weder danach fragt, wieviele Krüge sie füllt, noch darum bangt, es könne nicht reichen für alle. Solches Handeln beruht auf spiritueller Tiefe, die das Wissen birgt, in diesem Leben eine Aufgabe am Nächsten, an der Gesellschaft zu erfüllen.

DIE SITUATION

Wieder einmal ist jemand auf Ihre Hilfe angewiesen, doch diesmal stehen Sie allein, man versteht Ihr Engagement nicht. Halten Sie sich nicht damit auf, es erklären zu wollen. Die Zusammenhänge erfordern Spontaneität und eine gewisse Diskretion des Herzens.

PARTNERSCHAFT

Sie wollen sehr tief in das Geheimnis des Partners eindringen, und noch wissen Sie nicht, daß Sie hierbei nur sich selber zu finden hoffen. Der Weg ist nicht unklug gewählt, wohl aber die Zeit: jetzt möchte nämlich Ihr Partner sich selbst besser verstehen lernen.

DER RAT

Es bieten sich Ihnen unverhofft Lösungen, wenn Sie nach Analogien zu der besonderen Situation, in der Sie sich befinden, Ausschau halten. Je größer Ihre Einsicht in die Notwendigkeit des Geschehens wird, desto müheloser finden sie Geistesverwandte, die Sie in Ihrem Bemühen unterstützen.

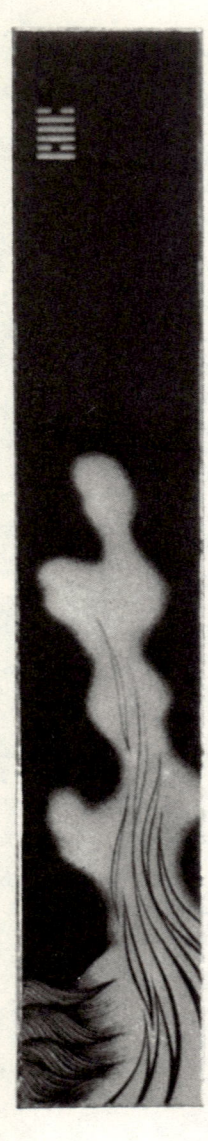

49
Die Umwälzung

DER MENSCH

Veränderungen sollte man Ihrer Meinung nach nicht abwarten, sondern herbeiführen. Möglichst zu einem Zeitpunkt, da niemand damit rechnet, möglichst zusammen mit Menschen, die Herz und Verstand und von beidem bitte gleich viel haben.

DIE SITUATION

Man erwartet, daß Sie nachgedacht, und daß Sie auch vorausgedacht haben. Sie können nun eine Ihrer Spezialitäten demonstrieren: behutsam, fast langsam, vorgehen — und doch mit aller verfügbaren Energie handeln. Das Resultat wird Sie langfristig mit ungewöhnlichen Menschen zusammenbringen, was zu einem Umbruch in Ihrem Leben führt.

PARTNERSCHAFT

Die sogenannten Rollen sind nicht mehr klar definiert, möglicherweise auch schon vertauscht. Dennoch werden Sie die Neuartigkeit Ihrer Beziehung genießen und lieben lernen.

DER RAT

Sie werden durchaus Gelegenheit bekommen, Ihre berechtigten Ansprüche durchzusetzen. Vermeiden Sie aber eine Privatrevolution. Sie brauchen Ihre Kraft noch.

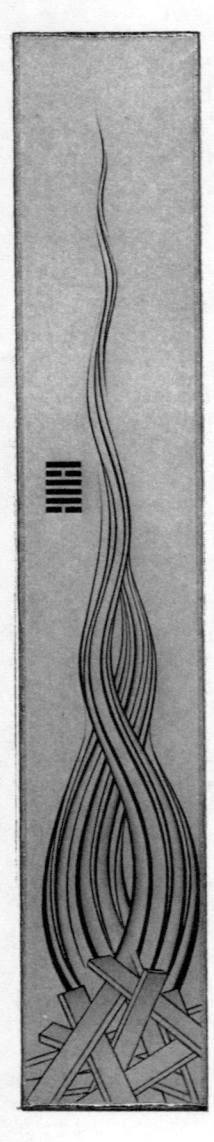

50
Die kosmische Ordnung

DER MENSCH

Durch einen einzigen Ihrer starken positiven Gedanken vermögen Sie es, einen dunklen Raum zu erhellen. Ihr Einfluß auf Menschen ist in ethischer und geistiger Beziehung nachhaltig, wenn nicht gar prägend. Da Sie sich innerhalb der hohen geistigen Gesetze, der kosmischen Ordnung, bewegen, ist Ihnen die damit einhergehende Verantwortung nicht nur bewußt, sondern auch sehr vertraut.

DIE SITUATION

Obwohl Sie die Fäden in der Hand haben, sollten Sie mit zwei Helfern zusammenarbeiten, denn gemeinsam werden Sie jetzt eine hohe karmische Aufgabe zu bewältigen haben.

PARTNERSCHAFT

Die absolute Achtung und Akzeptanz, die Sie einander entgegenbringen, schmälert in keiner Weise die Romantik Ihrer Liebe, die tatsächlich „alles verträgt, alles glaubt, hofft und duldet und nimmer aufhöret".

DER RAT

Normalerweise werden Menschen an ihrer schwächsten Stelle angegriffen. Bei Ihnen wird man jedoch eine besondere Stärke attackieren wollen: Ihr positives Denken. Achten Sie deshalb nun verstärkt auf Menschen und Begebenheiten, die Ihnen nie zuvor begegnet sind; man stolpert allenfalls über Steine, die man nicht kennt.

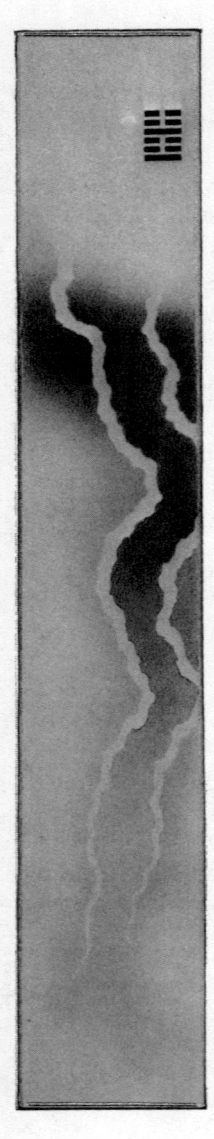

51
Der Donner

DER MENSCH

Das Mystische zieht Sie an, denn es ist ein Teil von Ihnen. Sie gelten als nachdenklich, schweigsam und verschwiegen — und wollen das auch sein und bleiben. Obwohl Ihre hohen kreativen Qualitäten und Ihr Weitblick Sie für Führungsaufgaben prädestinieren würden, ziehen Sie ein ruhiges, beschauliches, zurückhaltendes Leben vor.

DIE SITUATION

Sie haben keine Feinde, nur falsche Wünsche. Nehmen Sie es hin, daß Ihnen jetzt jemand im Wege steht und sich die Angelegenheit anders entscheidet, als Sie es sich erhofften. Es geschieht alles zu Ihrem Besten, und es ist nicht notwendig, daß Sie das derzeit schon verstehen.

PARTNERSCHAFT

Es ist schwieriger für Sie, zusammenzubleiben, als sich voneinander zu lösen — obwohl Sie das genau umgekehrt sehen. Bereiten Sie sich also auf eine Überraschung vor — und auf einen neuen Weg miteinander.

DER RAT

„Je schlimmer es kommt, desto freundlicher will ich sein", sollte Ihr Leitspruch werden für die nahe Zukunft. Denn die Ursache für Erschütterungen, die Sie nun zu konfrontieren haben, liegt in Ihnen selbst, nicht außerhalb von Ihnen. Und darum muß auch in Ihnen selbst die Weiche umgestellt werden.

52
Die Stille

DER MENSCH

Meist gefällt Ihnen, was Sie hören, wenn Sie in sich hineinlauschen: die wissende Stille, die Leere sein kann oder Belehrung, ein Suchen oder ein Finden, Meditation oder Impuls. Nur manchmal hören Sie nicht ganz so gerne hin: wenn der Alltag Sie eingefangen hat und Sie die Stille mit anderen teilen müssen.

DIE SITUATION

Es ist jetzt nicht ratsam, Pläne auszuführen. Lassen Sie die Dinge ruhen, ändern Sie Ihren Kurs, ohne viel Aufhebens davon zu machen.

PARTNERSCHAFT

Ihre für den anderen ungewohnte Hektik verrät Unsicherheit, verbreitet sie gleichsam auch. Es ist zwar nur eine Momentaufnahme Ihrer Persönlichkeitsstruktur, und sie betrifft auch nicht Ihre Partnerschaft direkt — doch gerade das müssen Sie klarstellen und damit den Zustand beenden.

DER RAT

Lernen Sie es, die Dinge aus einer höheren Sicht zu sehen. Verlernen Sie es, sie von oben herab zu betrachten.

53
Die Entwicklung

DER MENSCH

Sie hegen eine tiefe Verehrung für die faszinierende Ordnung, die hinter allen Dingen wirkt und entwickeln eine besondere Begabung dafür, daraus gewonnene Erkenntnisse mit anderen zu teilen und dadurch zu vermehren. Sie sind an geistigem und materiellem Wachstum persönlich nur insoweit interessiert, als Sie dadurch anderen von Nutzen sein können.

DIE SITUATION

Wachsen heißt Werden, und das braucht seine Zeit. Sie wissen das, andere möglicherweise aber nicht. Haben Sie Geduld, forcieren Sie nichts. Dann geht es sichtbar voran.

PARTNERSCHAFT

Ohne die Gemeinschaft, in der Sie und Ihr Partner traditionell engagiert sind, würden sich auch gewisse Gemeinsamkeiten in Ihrer Partnerschaft verlieren. Es ist also zu Ihrem Vorteil, wenn Sie jetzt nicht nur an sich selber denken.

DER RAT

Versuchen Sie nicht, sich quer durch die Büsche zu schlagen; Sie würden nicht eher ans Ziel kommen, sondern Ihren Weg verlieren. Ihre Ungeduld ist in der besonderen Situation zwar verständlich, aber paradoxerweise auch hemmend.

54
Die Schicklichkeit

Der Mensch

Sie treten mit sozialer Breitenwirkung auf: Ihre Vitalität ist umfassend, direkt und unumgänglich. Wenn Sie die Verantwortung für einen Menschen oder eine Sache übernehmen, darf man sicher sein, daß Sie mit dem kleinen Finger einen Schutzwall zu errichten vermögen. Aber auch diejenigen, die scheu zu Ihnen herüberblicken, könnten loyale Freunde werden — Sie müssen nur ein wenig leiser mit den Fittichen schlagen.

Die Situation

Sie haben exakt und gründlich nach dem Selbstverschuldungsprinzip gearbeitet und dadurch Ihre Bequemlichkeit überlistet: Ihr Unterbewußtsein weiß schon lange von einem Neubeginn und weiß auch, daß Sie jetzt den Strohhalm loslassen, weil Sie endlich den Ast über sich entdeckt haben.

Partnerschaft

Vielleicht haben Sie mehr gegeben, als man von Ihnen wollte. Sprechen Sie das Thema offen an.

Der Rat

Wie hat es angefangen aufzuhören? Wenn Sie sich diese Frage beantworten können, haben Sie die Lösung für Ihr Problem.

55
Die Fülle

DER MENSCH

Liebe, Ansehen, Geld, Freunde. Es wird Ihnen alles gegeben werden — auf daß Sie es nie als persönlichen Besitz oder als Selbstverständlichkeit betrachten mögen. Denn was füllen Sie in den Becher, wenn er voll ist? Und wohin führt Sie der nächste Schritt, wenn Sie auf dem Gipfel des Berges stehen? Greifen Sie nicht mit beiden Händen zu, und teilen Sie Glück immer mit anderen.

DIE SITUATION

Sie stehen im Zenit Ihres Erfolges. Vergessen Sie das Blinzeln nicht, wenn Sie in die Sonne blicken.

PARTNERSCHAFT

Sie haben den idealen Partner und sind doch unfähig, das zu erkennen und zu schätzen. Dies war einmal anders. Besinnen Sie sich auf die Anfänge, und lernen Sie von neuem, was Liebe ist.

DER RAT

Weichen Sie nicht aus, wenn man mit einer ungewöhnlichen Bitte an Sie herantritt. Sie können mit geringem Aufwand jetzt sehr viel bewegen, und es ist diesmal nicht der Sinn der Sache, daß Sie alle Zusammenhänge verstehen.

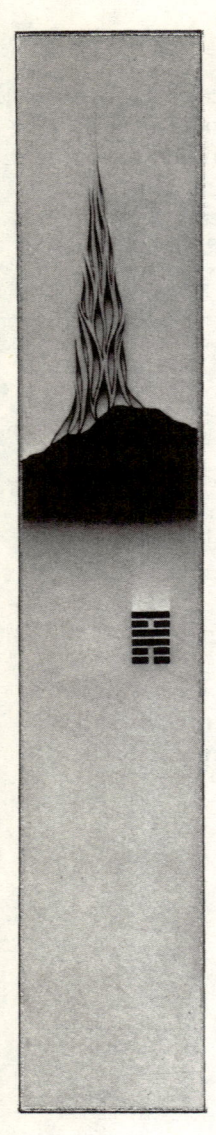

56
Der Reisende

Der Mensch

Ihre Interessen und Neigungen mögen noch so intensiv sein, über kurz oder lang werden andere an ihre Stelle treten, und im Gegensatz zu Ihren Mitmenschen wissen Sie das ganz genau. Ihr ganzes Leben ist ein Wandern, Entdecken und Weiterziehen. Unverändert bleiben nur Ihr Nomadengemüt und Ihre Treue zu sich selbst.

Die Situation

Sie können jetzt eine wichtige Etappe im Leben erreichen, wenn Sie sich nicht von Ihrem inneren Kurs abbringen lassen. Ignorieren Sie Menschen oder Umstände, die Sie hierin beeinflussen könnten.

Partnerschaft

Es wäre fairer, wenn Sie das Spiel mit dem Feuer nun beendeten, ganz abgesehen davon, daß der Wind sich auch sehr wohl drehen kann.

Der Rat

Wer zu lange bleibt, verpaßt den Schluß. Widmen Sie sich bald der Erreichung Ihres Vorhabens, und schweigen Sie sich über die geplanten Wege noch aus.

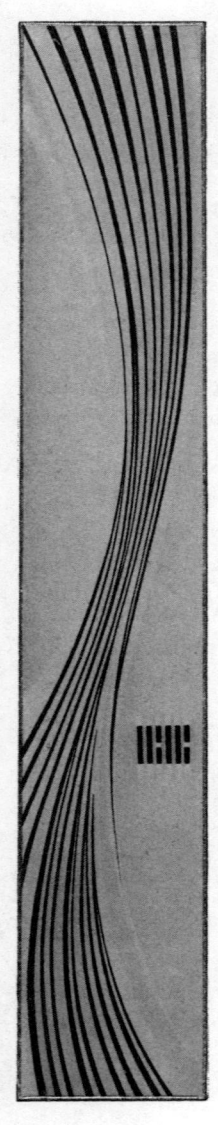

57
Die Durchdringung

DER MENSCH

Vergleichbar den Ästen, die dem Wind nachgeben und deshalb nicht zu brechen sind, liegt auch Ihre Stärke in der Sanftheit, in der Biegsamkeit Ihres Willens: indem Sie es Ihren Aggressoren gestatten, das Terrain für eine Weile zu beherrschen, studieren Sie ruhig deren Kraft und Methoden — und ermüden sie schließlich durch Furchtlosigkeit.

DIE SITUATION

Ihr Einfluß verstärkt sich in dem Maße, in dem Sie glaubhaft machen können, daß Sie mit dem Verhalten der anderen konform gehen. Es wird sich Ihnen dann auch die Gelegenheit bieten, Ihre wahren Absichten überzeugend und erfolgreich darzulegen.

PARTNERSCHAFT

Da Ihre Liebe mehr vom Verstand geprägt ist, sollten Sie Ihr Herz jetzt nicht mit Fragen strapazieren, die es naturgemäß nicht beantworten kann. Später kann die Situation durchaus einmal umgekehrt sein.

DER RAT

Lassen Sie sich auf nichts ein, was Sie nicht verantworten können. Erforderlichenfalls müssen Sie bereit sein, alleine an die Arbeit zu gehen.

58
Die Freude

DER MENSCH

Sie können sich was aussuchen: Ihre Hilfsbereitschaft macht Sie zum idealen Kollegen, Ihr Motivationsgeist zum idealen Vorgesetzten und Ihre Großzügigkeit zum idealen Chef; Ihr ansteckender Optimismus öffnet Ihnen Türen und Herzen.

DIE SITUATION

In Kürze wird Ihnen jemand eine große Freude machen, denn Sie haben ihm einmal etwas sehr Wertvolles gegeben: Mut.

PARTNERSCHAFT

Besonders glücklich macht Sie die Zufriedenheit in Ihrer Partnerschaft, das gemeinsame Wissen um die Richtigkeit dieser Verbindung.

DER RAT

Achten Sie jetzt darauf, was gesprochen wird. Auch darauf, was Sie selber sagen. Lassen Sie sich nicht provozieren. Bleiben Sie gelassen und unangreifbar durch Ihre Freundlichkeit.

59
Auflösung

DER MENSCH

Symbolisch könnte man Sie als Friedenstaube darstellen: Sie verwandeln Chaos in Ordnung, Zwistigkeiten in Einigkeit, Feindschaft in Freundschaft, Weinen in Lachen. Sie tun dies mit leiser Selbstlosigkeit, stets Ihrem Herzen und Ihrer Intuition folgend.

DIE SITUATION

Die Zeit ist nah, da Sie sich mit all Ihrer Nächsten-Liebe einer Aufgabe widmen können, die ganz nach Ihrem Sinnen und Trachten ist.

PARTNERSCHAFT

Ihr Partner muß verstehen lernen, daß Sie für alle Menschen da sind, die Sie brauchen, und daß dies niemals an Ihrer Treue zu ihm rütteln kann. Aber auch diesen Knoten werden Sie lösen.

DER RAT

Obwohl rein materielle Gesichtspunkte Sie nicht sonderlich kümmern, sollten Sie das Geld jetzt nicht mit beiden Händen ausgeben.

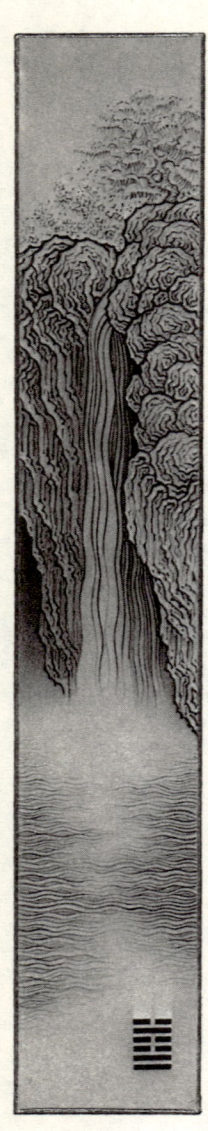

60
Die Beschränkung

DER MENSCH

Bedacht darauf, in allem Maß zu halten, machen Sie konsequenterweise auch vor Ihren eigenen Wünschen nicht halt. So führen Sie ein auf das Wesentliche gerichtetes Leben und kultivieren Ihre Neigung zur meditativen Seinserfahrung.

DIE SITUATION

Jemand erwartet in einer Sie betreffenden Angelegenheit Ihre Zustimmung. Bewahren Sie sich eine gesunde Skepsis; prüfen Sie die Farbe der Worte.

PARTNERSCHAFT

Grenzen können nicht nur trennen, sie können auch zwei Seiten zueinander führen.

DER RAT

Man will Sie glauben machen, Ihre Anwesenheit sei jetzt andernorts erforderlich. Es ist jedoch keineswegs angeraten, eine Reise zu unternehmen.

61
Die Einsicht

DER MENSCH

Sie haben eine Reihe besonderer Gaben — und damit auch Aufgaben, und Sie wissen es. Ihr ethischer wie auch spiritueller Reichtum sind Ihnen erkanntermaßen Verpflichtung und Idee, klug nach dem Prinzip der Zellen zu handeln: Vermehrung zu schaffen durch Teilung. Sensitivität läßt Sie Menschen und Umstände komplex und sicher beurteilen und selbst schwierige Situationen souverän meistern. Stets bewahren Sie sich Herzenstakt und Bescheidenheit. Sie gehören zu den Menschen, die man nie vergißt.

DIE SITUATION

Ihre Fähigkeiten werden jetzt erkannt, und man wird Sie mit den entsprechenden Positionen betrauen. Sie werden die Wirkung Ihrer Worte besser kennenlernen und lernen, dieser Verantwortung zu entsprechen.

PARTNERSCHAFT

Solange Sie Geheimnisse vor Ihrem Partner haben und er Ihre wahren Motive nicht zu erkennen vermag, wird es immer wieder Mißverständnisse zwischen Ihnen geben. Haben Sie keine Bedenken, offen zu sein.

DER RAT

Bleiben Sie aufnahme-fähig, wie ein Krug, den man nur dann erneut füllen kann, wenn er sich zuvor hat leeren lassen.

62
Das Geringe Übermaß

DER MENSCH

Das Schwierige an der Perfektion ist, daß man nie weiß, wann sie aufhört. Wie will man es Ihnen da ankreiden, daß es Ihnen gar nicht in den Sinn kommt, Sie könnten eine Sache übertreiben! Bei der unaufhaltsamen Ausschließlichkeit, mit der Sie sich allen Dingen widmen, wäre manchmal jedoch weniger mehr.

DIE SITUATION

Der Becher kann nicht nur ein bißchen zu voll sein. Sie haben eine Gelegenheit verpaßt, im richtigen Moment eine Sache zu beenden. Verlieren Sie sich jetzt nicht in Details, sondern machen Sie umgehend reinen Tisch.

PARTNERSCHAFT

Sie brauchen nichts weiter zu tun, als Sie selbst zu bleiben. Ihr Partner ist weit mehr mit Ihnen einverstanden, als Sie selbst es zur Zeit sind.

DER RAT

Halten Sie Ihre Emotionen im Zaum, auch die positiven. Sie werden sonst von einer Resonanz überrollt, die Sie nicht mehr kontrollieren können.

63
Nach der Vollendung

DER MENSCH

Sie blicken auch dann noch weiter nach vorn, wenn Sie am Ziel angelangt sind. Für Sie gibt es kein Ende, sondern nur eine sich ständig wandelnde Konstellation neuer Anfänge. Das macht es Ihnen — und damit machen Sie es auch anderen — leicht, sich mit Würde aus Situationen zu lösen: Abschied zu nehmen von Aufgaben, Positionen, Besitz und persönlichen Bindungen, wenn die karmische Situation es verlangt.

DIE SITUATION

Ihr Leben wird sich grundlegend ändern, und das wird Ihnen gefallen. Sie entdecken neue Möglichkeiten, Interessen und Ziele. Bereinigen Sie jedoch alles, was Sie aufhalten könnte; klären Sie vor allem ein familiäres Problem.

PARTNERSCHAFT

Sie haben sich die nun vorherrschende Friedensstimmung in Ihrer Partnerschaft erkämpft und sollten die Verhältnisse tiefer harmonisieren. Lassen Sie es nicht zu, daß Nebensächlichkeiten wieder überbewertet werden.

DER RAT

Auch wenn Sie ungeduldig werden: Sie können die Ihnen bevorstehende Veränderung nicht herbeireden. Nutzen Sie die Zeit, sich in jeder Beziehung auf Neues vorzubereiten.

64
Vor der Vollendung

Der Mensch

Gewissermaßen mit Anfängerglück vollführen Sie einen gewagten Seiltanz über des Lebens Abgründe. Und Sie merken: ein wenig Unsicherheit, und Sie verlieren die Balance; ein wenig zuviel Sicherheit, und Sie verlieren das Seil aus den Augen. Es ist deshalb gut, wenn Sie jeden Ihrer Schritte vorher sorgfältig studieren und sich Zeit lassen — und gegen Ablenkungsmanöver gewappnet sind. Das Ziel, das Sie sich gesetzt haben, rechtfertigt jede Mühe.

Die Situation

Sie glauben wiederzuerkennen, was Ihren Weg kreuzt. Doch was Sie sehen, ist Wirkung. Was Sie dagegen finden müssen, ist Ursache. Es ist keine Wiedergeburt der Situation, es ist eine Wiedergeburt Ihrer noch zu bewältigenden Aufgabe.

Partnerschaft

Sie stehen vor einem neuen Lebensabschnitt, und es ist unwahrscheinlich, daß Sie momentan über partnerschaftliche Belange reflektieren; wenn ausnahmsweise doch: versuchen Sie zu akzeptieren, daß der Ausgang einer Angelegenheit nicht vor ihrem Beginn erfahrbar ist.

Der Rat

Machen Sie sich in konstruktiver Weise bewußt, daß Sie noch vieles zu entdecken und zu verstehen haben werden. Sie säen noch — und hoffentlich überhaupt!

Ermittlung der Hexagramm-Zahl

Finden Sie in der Kopfspalte der Tabelle Ihr oberes Trigramm und in der Seitenspalte das untere Trigramm. Der Schnittpunkt beider ergibt die Hexagrammzahl.

Die 64 Hexagramme

Oberes Trigramm ▶ / Unteres Trigramm ▼	Qian	Jen	Kan	Gen	Kun	Sun	Li	Dui
Qian	1	34	5	26	11	9	14	43
Jen	25	51	3	27	24	42	21	17
Kan	6	40	29	4	7	59	64	47
Gen	33	62	39	52	15	53	56	31
Kun	12	16	8	23	2	20	35	45
Sun	44	32	48	18	46	57	50	28
Li	13	55	63	22	36	37	30	49
Dui	10	54	60	41	19	61	38	58

Beispiel:
Sie haben folgende Linien gebildet:
In der Kopfspalte finden Sie das obere Trigramm Li und das untere Trigramm Kun in der Seitenspalte. Beide treffen sich auf Platz *35 / Der Fortschritt.*

Wenn Sie nun Ihr Wissen anwenden, tun Sie es so, wie Sie möchten, daß andere ihr Wissen über Sie benutzen – oder der Mensch, den Sie lieben.

A. H.

Angelika Hoefler · Mario Atti

Reinkarnationsforschung mit dem Pendel

Rückführung in Ihre persönlichen Leben

Wer waren Sie in den vielen Leben vor diesem? Wie oft haben Sie schon gelebt? Wann war das und wo? Waren Sie eine Frau oder ein Mann? Welchen Beruf hatten Sie? Wie war Ihr Leben? Welchen Menschen sind Sie in einem früheren Leben schon einmal begegnet? Nie zuvor konnte man auf Fragen dieser Dimension verläßliche und überprüfbare Antworten erhalten. In diesem systematisch von Detail zu Detail führen Pendelkarten-Kompendium offenbart sich dem Leser lückenlos der Weg vom Gestern zum Heute und weiter zum Morgen. Dieses Buch ist in den Händen des Berufenen eine Quelle der Kraft.

160 Seiten, DM 19,80, SFr 19,00
ÖS 145,00 ISBN 3-89385-012-0

Angelika Hoefler

Karma
Die Chance des Lebens

Wie Sie jede menschliche Prüfung in einen persönlichen Erfolg verwandeln

Karma heißt „Tun", und dieses Buch sagt uns, was zu tun ist. Es läßt uns Dinge wie etwa unseren Beruf oder Begegnungen und Trennungen, aber auch die zuwenig beachteten Momentaufnahmen unseres Alltags mit anderen Augen und aus einem neuen Blickwinkel sehen. Denn Leben ist nicht unabwendbares „Schicksal", sondern Chance – in jedem Augenblick veränderbar zum Besseren. Wie – das erfahren Sie mit diesem Buch. Der Text knistert geradezu wie mit Erfahrung aufgeladen.
Karma als Weg zur Selbstheilung. Ein erkenntnisförderndes Übungs- und Lesebuch.

128 Seiten, DM 16,80, SFr 16,00
ÖS 123,00 ISBN 3-89385-065-1

Angelika Hoefler

Namen –
das ausgesprochene
Geheimnis

**Neue Systeme zur Entschlüs-
selung der spirituellen Bedeutung unseres Namens · Ein
Arbeitsbuch, mit dem Sie Ihr
Karma erkennen können**

Kabbalistik bedeutet Überlieferung,
und nach der Überlieferung birgt
jeder Buchstabe eine Zahl, die
durch bestechend einfache Re-
chensysteme die esoterische Bedeutung eines Namens entschlüs-
selt. Die von Angelika Hoefler
entwickelten Systeme sind ein
Einweihungsweg in die kabbalistische Zahlenmystik. Stufe für Stufe
gehen wir mit diesem Buch unserer
Einweihung entgegen und es wird
uns klar, wo es gilt, Zusammenhänge zu knüpfen, was uns hemmt und
was uns fördert, wo unsere Pflich-
ten und wo unsere Chancen sind.

256 Seiten, DM 24,80, SFr 23,00
ÖS 181,00 ISBN 3-89385-032-5

Angelika Hoefler

Die Psychologie
des Namens

**Wie Sie buchstäblich Menschen
an ihrem Namen erkennen · Der
Schlüssel zur Persönlichkeit**

Die Psychologie des Namens ist
ein unglaublich faszinierendes
System der Namensanalyse. Jeder
Buchstabe unseres Namens ist wie
ein Mantra, ein heiliger Laut – und
alle Buchstaben des Namens
zusammen ergeben eine Melodie:
unsere Lebensmelodie.
Der Name offenbart vieles: Möglichkeiten die wir haben, uns zu
verwirklichen, Bereiche, in denen
wir unsere Energie optimal entfalten können, und wie unser Denken
und Handeln oft miteinander jong-
lieren – und was daraus folgt. Wir
sehen, wie wir sind, wie wir uns
geben und wie andere uns sehen.
Jeder Name ein aufgeschlagenes
Buch, dessen Lektüre sich lohnt.

240 Seiten, DM 29,80, SFr 27,50
ÖS 218,00 ISBN 3-89385-163-1

Helmut-Whitey Kritzinger

Numerologie
Lebenslinien der Seele

**Die Hermetische Numerologie ·
Ein Weg zur spirituellen
Entfaltung des Menschen**

Ist es nicht faszinierend, daß Zahlen uns vieles über unsere eigene
Persönlichkeit sagen können?
„Numerologie - Lebenslinien der
Seele" basiert wie der Bestseller
„Numerologie und Partnerschaft"
auf dem vom Autor entwickelten
und weltweit einzigartigen System
der hermetischen Numerologie.
Über die Geburtsdaten werden
Sie zu einer detaillierten Analyse
der eigenen Persönlichkeit geführt.
Auf einen Blick ist es möglich, zur
eigenen Typuszahl die Zuordnungen für wichtige Lebensbereiche
zu finden.

216 Seiten, DM 24,80, SFr 23,00
ÖS 181,00 ISBN 3-89385-181-X

Helmut-Whitey Kritzinger

Numerologie
und Partnerschaft

**Was Zahlen über den Lebens-
weg, Partnerschaften und
Beziehungen sagen können**

Zahlen sind seit jeher Vermittler
kosmischer Gesetzmäßigkeiten.
Hermetische Numerologie ist das
weltweit erste System, das über die
Geburtsdaten zu einem detaillierten
Partner-Numeroskop führt. Außerdem ermöglicht es natürlich auch
eine umfassende Persönlichkeitsanalyse – und öffnet sogar Fenster
für einen Blick in die Zukunft.
Was verbindet Menschen, welche
Ziele können sie gemeinsam verfol-
gen, welches unbewußte Potential
kann sich im Zusammenleben zur
gegenseitigen Bereicherung entfalten? Was ist in welcher Beziehung
gegeben, verlaufen die Lebens-
rhythmen im Einklang?

256 Seiten, DM 24,80, SFr 23,00
ÖS 181,00 ISBN 3-89385-109-7